착한 부자를 꿈꾸는 우리 아이

돈의 역사가 궁금해!

별난 세상 별별 역사 ❶
돈의 역사가 궁금해!

ⓒ 장세현, 허구 2016

1쇄 펴낸 날 2016년 10월 11일
2쇄 펴낸 날 2018년 05월 11일

지은이	글터 반딧불
그린이	허구
펴낸이	최금옥
기 획	글터 반딧불
편 집	김지선, 최명지
디자인	Studio Marzan 김성미
펴낸곳	이론과실천

등록 제10-1291호
(121-822) 서울시 마포구 포은로 8길 32 국일빌딩 201호
전화 02-714-9800 | 팩스 02-702-6655

ISBN 978-89-313-8121-4 74900
ISBN 978-89-313-8120-7(세트)

* 이 책의 일부 또는 전부를 사용하려면 반드시 저작권자와 이론과실천 양측의 동의를 모두 얻어야 합니다.
* 값 11,000원
* 잘못된 책은 바꾸어 드립니다.

꼬마이실은 이론과실천 의 어린이책 브랜드입니다.

별난 세상
별별 역사
01

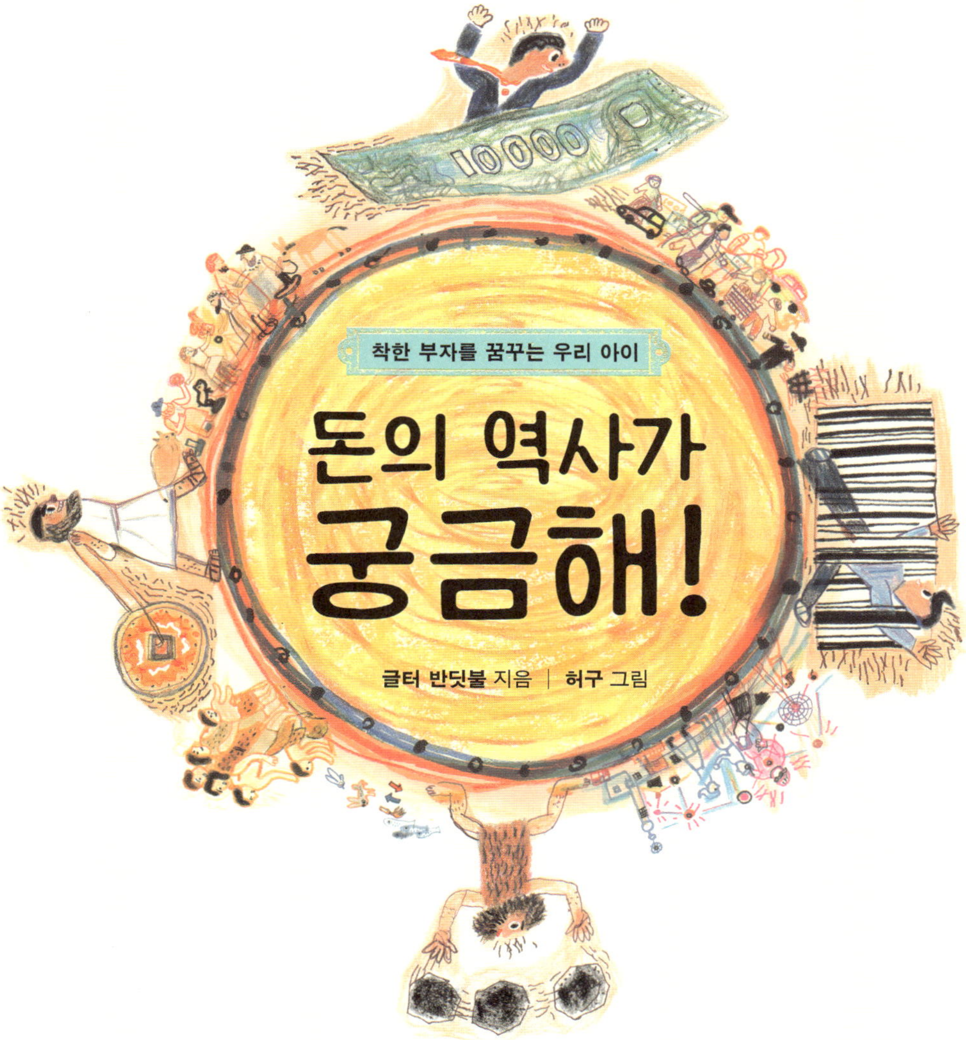

착한 부자를 꿈꾸는 우리 아이

돈의 역사가 궁금해!

글터 반딧불 지음 | 허구 그림

★ 별난 세상 별별 역사 시리즈를 발간하며 ★

인류의 역사시대는 짧게는 2~3천 년, 길게 잡아도 5천 년쯤이다. 이 시간 동안 인류가 이룬 문명은 상상을 초월할 만큼 엄청나다. 선사시대 원시인들이 올려다보던 달과 별에 지금은 우주선을 쏘아 올리는 시대가 되었으니 말이다. 그런데 놀라운 것은 이런 눈부신 문명의 발전에는 극히 사소한 것들의 역사가 자리 잡고 있다는 사실이다.

사람들은 대개 역사라고 하면 중대한 사건이나 영웅적 인물을 먼저 떠올리기 쉽다. 그러나 그것만이 역사의 전부는 아니다. 알고 보면 역사는 그리 멀리 있지 않다. 예컨대 우리가 일상생활에서 쉽게 접하는 불, 돈, 바퀴는 인류의 3대 발명품으로 꼽힌다. 그만큼 문명의 발전에 크게 이바지했기 때문이다.

원시인이 동굴에서 피우는 불은 그저 모닥불에 지나지 않는다. 하지만 그 열을 이용해 철을 뽑아냄으로써 오늘날과 같은 철기문명을 일구어 냈다.

바퀴도 다르지 않다. 바퀴라고 하면 대부분 수레나 자동차의 바퀴 따위를 떠올릴 테지만 그뿐만이 아니다. 곡식을 찧는 물레방아도, 바람의 힘을 모으는 풍차도 바퀴의 원리를 이용한 것이다. 창틀 아래에도, 의자 밑에도, 시계 속에도 바퀴가 있다. 지금처럼 교통과 산업이 발전한 까닭도 각종 기계 속에 들어 있는 톱니바퀴의 움직임 덕분이다.

돈 역시 처음에는 거래의 편리함을 위해 만든 것이다. 물물교환 시대를 떠올려 보자. 소금 한 자루나 쌀 한 자루를 끙끙대며 짊어지고 가서 바꾸려면 얼마나 힘이 들겠는가? 이런 불편함을 덜기 위해 돈이 탄생했지만 진화를 거듭하면서 오늘날 자본주의라는 복잡하고 거대한 경제 구조를 만들어 냈다.

이처럼 우리 생활 속 아주 가까이에는 인류의 역사에 중요한 획을 그은 것이 수도 없이 널려 있다. 눈을 크게 뜨고 보면 역사는 우리가 먹는 밥에도 있고, 늘 입고 다니는 옷에도 있고, 심심할 때 가지고 노는 장난감에도 있다. 신발 밑에도 있고, 시계 속에도 있고, 성냥갑에도 있고, 주머니 속의 동전에도 있다.

〈별난 세상 별별 역사〉 시리즈를 만든 것은 그런 이유다. 우리 주위에서 쉽게 마주치는 물건들의 눈을 통해 인류의 역사와 문명을 한번 꿰뚫어 보자는 것이다. 똑같은 역사라도 음식의 관점에서 보는 것과 돈의 관점에서 보는 것, 바퀴의 관점에서 보는 것은 다르다. 이 시리즈에서 주제어가 된 다양한 사물은 인류의 역사적 흐름을 읽어 내는 열쇠 구실을 한다. 그 열쇠로 역사의 문을 열어젖히면 놀라운 일이 벌어질 것이다. 그동안 무심코 지나쳤던 사물 속에서 우리가 미처 알지 못한 재미난 이야기가 수두룩하게 쏟아져 나올 테니까 말이다.

역사를 흔히 큰 강에 비유한다. 하지만 작은 물줄기가 모여야 큰 강이 이루어진다. 인류의 역사도 마찬가지다. 다양한 분야의 역사가 모여 큰 역사가 만들어진다.

세상 사람들은 각각의 생김새만큼이나 서로 다른 관심거리와 취향을 가지고 있다. 정치나 경제, 사회, 예술 같은 무거운 주제에 관심을 가진 이도 있지만 패션, 요리, 장신구 같은 생활 문화나 로봇, 자동차, 컴퓨터 같은 과학 기술, 혹은 우주, 공룡, UFO 같은 신비한 세계에 관심을 가진 이도 있다.

여러분이 어떤 사물에 지대한 관심과 애착을 가진 마니아라면 이 시리즈를 통해 그에 대한 호기심과 갈증을 채울 테고, 그렇지 않더라도 폭넓은 지식과 교양을 쌓을 수 있다. 모쪼록 이 시리즈 하나하나가 여러분이 세상 보는 눈을 키우는 데 보탬이 되고, 다양한 역사 상식을 얻을 수 있는 보물 창고가 되길 바란다.

— 글터 반딧불

차례

프롤로그 - 돌고 도는 돈의 여행 … 8

제1장 - 돈의 탄생과 진화 … 11

1. 돌로 만든 이상한 화폐 … 12
2. 돈이면 못하는 게 있다? 없다? … 15
3. 필요하면 뭐든 바꿔, 바꿔! … 17
4. 물품이 어떻게 화폐로 탈바꿈했나? … 19
5. 별의별 물품화폐 다 모여라! … 22
6. 화폐의 혁명이 시작되다 … 25
7. 돈의 진화, 종이돈 … 28
8. 전자화폐의 등장과 화폐의 미래 … 31

제2장 - 천의 얼굴을 가진 화폐 … 35

1. 황금이 몰고 온 축복과 재앙 … 36
2. 화폐를 좀먹는 도둑들 … 39
3. 역사 속 불량 화폐 이야기 … 42
4. 금을 만드는 마법사 … 45
5. 엽전 속에 담긴 동양의 철학 사상 … 48
6. 신대륙 발견은 비극인가? 축복인가? … 51
7. 황금에 눈이 먼 자들 … 54
8. 나라의 보호를 받은 이상한 해적 … 57
9. 어디 어디 숨겼나, 보물 지도 … 60

제3장 - 경제를 움직이는 거대한 손 ... 65

1. 지폐의 등장과 은행의 탄생 ... 66
2. 중앙은행은 어떻게 생겨나게 되었나? ... 68
3. 돈이 돈을 낳는 마술 ... 70
4. 자본주의의 꽃, 주식 ... 74
5. 튤립 소동과 투자 거품 ... 78
6. 대공황의 신호탄 '암흑의 목요일' ... 81
7. 고삐 풀린 돈, 인플레이션 ... 83
8. 전쟁 무기로 쓰이는 화폐 ... 86
9. 자본주의 대 공산주의의 한판 승부 ... 90
10. 자본주의가 사는 법 ... 94

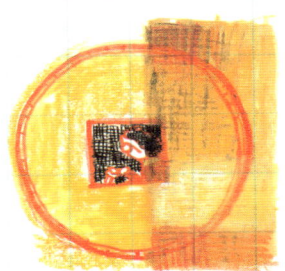

제4장 - 우리나라 돈의 역사 ... 99

1. 최초의 엽전이 탄생하기까지 ... 100
2. 조선은 왜 화폐가 발달하지 못했나? ... 103
3. 화폐의 주인공이 된 상평통보 ... 106
4. 아름다운 별전, 돈이냐 장신구냐? ... 110
5. 근대식 화폐의 등장 ... 112

프롤로그

돌고 도는 돈의 여행

돈은 한곳에 가만히 있지 않아. 물처럼 계속 흘러 다니는 특성이 있거든. 끊임없이 돌고 돌면서 여행을 하는 셈이지. 돈이 어떻게 여행을 한다는 말인지 노마의 이야기를 보면 이해가 갈 거야.

노마가 한창 컴퓨터 게임에 빠져 있을 때 엄마가 불렀어.

애초 노마가 엄마에게 받은 돈은 이렇게 돌고 돌아 다시 노마에게 왔어. 하지만 돈의 여행이 이걸로 끝난 것은 아니야. 노마가 그 돈으로 책이나 연필, 과자를 산다면 또 다시 기나긴 여행이 시작될 테니까 말이야. 그럼, 이처럼 돌고 도는 돈이 어떻게 생겨나고 세상을 움직이게 되었는지 알아볼까?

제1장
돈의 탄생과 진화

인간이 처음 지구에 나타났을 때는 어떤 모습이었을까? 침팬지를 닮은 유인원이었어. 두뇌가 훨씬 작았을뿐더러 허리도 구부정하고 몸에 털도 많았지. 하지만 오랜 세월 끊임없이 진화한 끝에 지금과 같은 모습이 되었단다.

돈도 마찬가지야. 돈이라고 하면 사람들은 대개 동전이나 지폐를 떠올리곤 해. 그러나 처음부터 그랬던 건 아니야. 돈 역시 인간처럼 오랜 시간 진화한 끝에 지금의 모습을 갖춘 것이지. 과연 돈이 어떻게 태어나 진화를 거듭해 왔는지, 돈의 역사가 궁금하지 않니?

1. 돌로 만든 이상한 화폐

돈이란 도대체 뭘까? 여기에 해답을 줄 재미난 이야기가 있어.

남태평양의 미크로네시아에는 '야프'라는 외진 섬이 있단다. 이 섬의 원주민은 아주 특이한 화폐를 사용했어. 이웃 섬에 있는 돌을 다듬어 둥근 바퀴처럼 만들고 가운데 구멍을 뚫어 화폐로 썼다는구나. 크기도 엄청 커서 작은 것은 맷돌만 하지만 큰 것은 지름이 4미터에 이른다고 해.

이렇게 큰 돌을 어떻게 돈으로 사용했냐고? 이 돌 화폐는 동전이나 지폐처럼 들고 다니며 쓰는 게 아니야. 작은 돌은 옮길 수도 있지만, 아주 큰 돌의 경우에는 그 자리에 그대로 둔 채 단지 말로 주고받는 것으로 거래를 끝내는 거지.

"자, 물건을 샀으니 이제부터 저 돌은 네 것이야!"

그러고 나서 돌 주인이 바뀌었다는 사실만 사람들에게 알리면 그뿐이야. 돌을 누가 훔쳐 가면 어쩌냐고? 훔쳐 가도 아무 소용이 없어. 많은 사람이 돌 주인으로 여기지 않기 때문에 잃어버릴 염려가 없는 거지.

돌 화폐의 가치는 돌의 크기와 운반하면서 죽거나 다친 사람의 수로 결정되었어. 당연히 클수록 값어치가 높았는데 가장 큰 돌은 바다 속에 잠겨 있대. 그 돌 화폐를 만들려고 많은 사람을 데리고 이웃 섬에 갔다가 집으로 돌아오는 도중에 너무 무거워 배가 뒤집어지는 바람에 바다에 빠져 버린 거야.

그러나 함께 간 사람들은 그게 얼마나 큰 돌이었는지 모두 알고 있지. 그래서 그 돌 화폐를 가진 사람이 야프 섬에서 최고의 부자로 꼽힌 거란다. 만약 돌 주인이 "저 바다 밑의 돌을 네게 넘기겠어!"라고 말하면 그 어떤 값진 물건도 거뜬히 살 수 있는 거지.

우리 눈에는 굉장히 이상하게 보일지 모르지만 따지고 보면 그리 이상할 것도 없어. 화폐란 결국 사람들 사이의 믿음이며, 사회적 약속인 거야. 한낱 종잇조각에 숫자를 적어 천 원이라 약속하고, 만 원이라 약속한 후 우리가 그 약속을 지키기 때문에 돈의 가치가 있는 거 아니겠어?

◇ 돌 화폐에 벌금을?

과거 독일 정부가 야프 섬을 지배할 때 이런 웃지 못할 일이 있었대. 섬이 바위투성이인 데다 오솔길만 나 있어 차가 다닐 수가 없었어. 그래서 도로를 만들 계획을 세운 뒤 원주민에게 공사에 참여하라고 거듭 명령을 내렸지. 하지만 아무도 여기에 따르지 않았단다. 독일 관리가 생각다 못해 섬 곳곳을 돌아다니며 값이 나가는 돌 화폐에 검은 십자가로 표시를 했어. 벌금을 부과했으니 독일 정부에서 압수한다는 뜻이야. 그러자 마술 같은 일이 일어났어. 여태껏 꼼짝 않던 원주민들이 졸지에 가난해졌다고 여기고 열심히 도로 공사에 참여한 거야. 공사가 끝나고 독일 정부가 십자가 표시를 지우자 원주민들은 재산을 다시 찾았다며 기뻐했대.

2. 돈이면 못하는 게 있다? 없다?

사람들은 누구나 돈을 많이 가지고 싶어 해. 왜 그럴까? 돈이 많으면 못하는 게 거의 없거든. 예쁜 옷도 살 수 있고, 멋진 자동차도 가질 수 있고, 피자나 치킨 등 맛있는 음식도 마음껏 사 먹을 수 있지. 그뿐인 줄 아니? 큰돈을 들여 회사를 차리면 사장님도 될 수 있단다.

이 일이 가능한 까닭은 오늘날 우리가 현대 사회에 살고 있기 때문이야. 무슨 말이냐고? 지금 우리는 21세기에 살고 있어. 그런데 시곗바늘을 1만 년 전쯤의 과거 원시시대로 되돌려 보면 어떨까? 가령 돈이 엄청 많은 백만장자가 돈을 한 보따리 들고 타임머신을 타고 그 시대로 간다고 상상해 봐.

그 돈으로 도대체 무얼 할 수 있을까? 아무것도 할 수 없을 거야. 돈으로 살 수 있는 가게나 물건이 없을 뿐더러 돈을 탐내는 원시인도 없을 테니까 말이야. 그 시대 사람들은 아직 돈이 뭔지도 모를 때야. 그들에게 가장 중요한 건 돈이 아니라 생존이지. 생존에 필요한 건 뭐니 뭐니 해도 먹고사는 거야. 예쁜 옷을 입지 않아도 살 수 있고, 멋진 자동차를 타지 않아도 살 수 있지만 먹지 않고는 살 수가 없는 노릇이니까.

원시시대 사람들은 생존에 필요한 모든 걸 자연 속에서 얻었어. 배가 고프면 나무 열매를 따서 먹고, 물고기를 잡거나 들짐승을 사냥했지. 추위를 피하기 위해 동굴이나 움집을 지어 살면서 짐승의 털과 가죽으로 옷도 만들어

입었어. 이런 걸 '자급자족'이라고 해. 필요한 것이 있으면 스스로 해결하는 거지. 그러다 보니 돈 따위가 무슨 필요가 있겠어? 돈다발이 있다면 기껏해야 불을 피울 때 불쏘시개 정도로나 적당할 테니까.

비슷한 일이 실제로도 일어났어. 초창기 미국은 영국의 식민지였는데, 1775년 자신만의 국가를 만들고자 영국에 대항해 독립전쟁을 일으켰지. 그 후 조지 워싱턴 장군이 이끄는 미국군은 위기에 빠져 필라델피아의 포지 계곡에서 혹독한 추위와 굶주림에 시달렸어. 전쟁터의 군사들이 당시 봉급으로 받은 지폐는 휴지 조각이나 다름없었지. 그래서 불을 피우거나 옷과 양말 속에 넣어 추위를 막는 용도로 사용했단다.

3. 필요하면 뭐든 바꿔, 바꿔!

인간이 동물과 구별되는 가장 큰 특징은 뭘까? 그건 바로 손으로 도구를 사용한다는 거야. 그런데 문제는 도구라고 해서 다 같지는 않다는 거지. 나뭇가지도 도구가 될 수 있고, 돌멩이도 도구가 될 수 있고, 쇠붙이도 도구가 될 수 있거든.

하지만 나뭇가지를 도구로 쓰는 것과 쇠붙이를 도구로 쓰는 것은 엄청난 차이가 있어. 쉽게 말해 나무칼을 든 사람과 쇠칼을 든 사람이 싸움을 벌이면 누가 이길까? 두말할 것도 없이 쇠칼을 든 사람이 이길 거야.

따라서 도구의 재료가 무엇인지는 아주 중요한 문제야. 그에 따라 인류의 문명도 함께 발전해 왔으니까. 도구의 재료에 따라 인류의 역사를 세 시기로 구분하곤 해. 돌을 사용한 석기시대, 청동을 사용한 청동기시대, 쇠붙이를 사용한 철기시대란다.

돈의 역사는 인류의 역사와 똑같이 발을 맞추고 걸어 왔다고 해도 과언이 아니야. 인류는 수만 년 동안 이리저리 먹을 것을 찾아 떠돌면서 사냥이나 채집 생활을 해왔어. 그런데 신석기시대가 되면서 큰 변화가 일어났지. 씨앗을 뿌려 농사를 짓기 시작한 거야. 처음에는 겨우 먹고살 만큼의 수확물을 얻었지만 시간이 흐를수록 농사 기술이 발전하면서 먹고도 남는 것이 생겼지. 이걸 '잉여 생산물'이라고 해.

이걸 바꿔 먹기 시작한 거야. 강에서 고기잡이를 하는 어부와는 생선을, 산 속의 사냥꾼과는 고기를, 대장장이와는 괭이나 낫 따위를 바꾼 것이지. 물건끼리 서로 바꾸었다고 해서 이를 '물물교환'이라고 한단다. 필요한 게 있으면 바꿔 쓴 것이지. 따라서 물물교환 시대에는 돈이란 게 따로 생겨날 필요가 없었어. 물물교환만으로 모든 게 해결이 되었으니까.

물물교환은 원시시대뿐 아니라 지금도 흔히 있는 일이야. 이를테면, 내게 예쁜 연필이 두 자루 있고, 짝꿍에게 노트 두 권이 있다면 하나씩 서로 바꿀 수도 있지. 이게 물물교환이야. 원시시대의 경제활동이 지금까지 이어지고 있다니 흥미롭지 않니?

4. 물품이 어떻게 화폐로 탈바꿈했나?

물물교환은 가장 단순하면서도 원시적인 거래 방식이야. 필요한 물건을 당사자끼리 직접 주고받기 때문에 아주 간편하지. 그러나 때론 뜻하지 않은 문제가 생기기도 해.

예를 들어 볼까? 내게 맛있는 초콜릿 한 봉지가 있고, 짝꿍이 치즈 스틱 한 통을 가지고 있다면 서로 바꿔 먹을 수가 있어. 치즈 스틱과 초콜릿 사이에 말 그대로 물물교환이 일어나는 거지.

이때 다른 친구가 연필 한 자루를 들고 와서 말하는 거야.

"이거 줄게. 초콜릿이랑 바꾸자!"

하지만 나는 연필이 많기 때문에 바꾸고 싶은 마음이 전혀 없어. 그러면 물물교환은 일어나지 않아.

원시시대에도 비슷한 일이 벌어졌단다.

사람들이 서로 원하는 바가 다르면 물물교환은 이루어지기 힘들어. 서로 원하는 바가 같더라도 또 다른 문제가 생길 수 있어. 예를 들어 사과 하나와 닭 한 마리를 바꾸자고 한다면 이 역시 거래가 이루어지기 힘들 거야. 바꾸려는 물건의 값어치가 다르기 때문이지.

여러분이라면 다음 그림에 나오는 사람들의 거래를 성사시키기 위해 어떤 묘안을 짜낼 수 있을까?

해결책은 의외로 간단해. 누구나 필요로 하는 중요한 생활필수품을 가지고 교환의 중간 매개 수단으로 삼는 거야. 말하자면 활을 곡식과 바꾼 다음 다시 닭이랑 바꾸고, 닭을 곡식과 바꾼 다음 과일이랑 바꾸고, 과일을 곡식과 바꾼 다음 멧돼지 고기랑 바꾸는 거지.

제3의 물품인 곡식을 기준으로 삼아 각각의 값어치를 서로 비교해서 멋지게 거래를 성사시키면 되거든. 이처럼 당시에는 쌀, 보리, 밀 같은 곡식이나 동물, 소금, 옷감, 짐승 가죽 등이 화폐 역할을 대신했는데 이를 '물품화폐'라고 한단다.

누구는 '돈'이라 부르고, 누구는 '화폐'라 부르지만 둘 다 똑같은 말이야. 다만 돈은 일상적인 생활 용어고, 화폐는 경제 용어에 좀 더 가까울 뿐이지.

◈ 돈이라는 말의 유래

돈이라는 우리말은 어떻게 생겨났을까? 여기에는 여러 가지 설이 있어. 첫 번째는 온 천하 사람들의 손을 거쳐 돌고 돈다고 해서 돈이라 불렀다는 것. 두 번째는 옛날에 엽전 열 닢을 '한 돈'이라 부른 데서 생겨났다는 것. 세 번째는 고대 중국에서 사용한 칼 모양의 화폐인 '도전(刀錢)'이 세월이 흐르면서 돈으로 되었다는 것. 마지막으로 한약이나 귀금속의 무게를 재는 단위인 '돈쭝'에서 나왔다는 것. 요즘도 금을 한 돈, 두 돈 하는데 이것은 돈쭝의 줄임말이지. 이처럼 갖가지 설이 있지만 아직 확실히 밝혀진 건 없단다.

5. 별의별 물품화폐 다 모여라!

물품화폐는 엄청 다양해. 농경 지역에서는 곡식이나 옷감이 물품화폐가 되었고, 가축이 곧 재산이었던 유목민은 동물이나 그 가죽을, 소금이 풍부했던 지중해 연안에서는 소금을, 심지어 남아메리카에서는 초콜릿의 원료인 카카오 열매를 물품화폐로 사용했어. 그 외에 동물 이빨이나 깃털, 조개껍질, 고래 이빨, 찻잎, 담뱃잎 등 별의별 물건이 화폐로 사용되었단다.

물론 곡식이나 소금, 조개껍질 같은 물품화폐는 완전한 화폐가 되지는 못했어. 하지만 곧이어 나타날 본격적인 화폐의 탄생을 알리는 중요한 신호탄 구실을 했지. 물품화폐를 자세히 알아보면 '그게 정말이야?' 하고 놀랄 만한 사실이 수두룩하게 쏟아져 나온단다.

오늘날 돈과 관련된 말 중에는 물품화폐에서 비롯한 것들이 적지 않아. 크로아티아 화폐 단위는 '쿠나'인데 이는 그 나라 말로 담비를 뜻해. 유럽에서 담비가 많이 서식했던 크로아티아에서는 담비의 털가죽을 돈으로 사용해 물건을 사고팔고 세금도 냈기 때문이지.

미국의 화폐 단위는 달러인데 미국 사람들끼리는 달러보다 '벅'이란 말을 더 많이 써. 벅(Buck)은 '수사슴'을 가리키는데, 미국의 초기 개척시대에 사슴 가죽을 돈으로 사용한 데서 비롯한 말이지.

또 영어로 자본을 뜻하는 '캐피털'은 소를 가리키는 '캐틀'이라는 말에서 나온 거야. 소나 소가죽을 돈처럼 사용한 데서 유래한 것이지.

인도의 화폐 단위인 '루피' 역시 소를 뜻하는 '루피야'에서 생겨난 말이래. 인류는 신석기시대부터 가축을 기르기 시작했는데, 동물이나 그 가죽을 물품화폐로 사용한 흔적이 지금까지 남은 거야.

우린 모두 돈!

✧ 소금은 '작은 금'이다?

지금은 소금이 흔하디흔하지. 하지만 옛날에는 소금이 아주 귀한 물건이었어. 소금을 얻자면 염전을 만들어 바닷물을 건조시키거나 암염이라는 고체 소금을 땅에서 캐내 옮겨 와야 했으니까.

영어로 월급을 뜻하는 샐러리(salary)가 소금(salt)에서 비롯된 말이라는 건 너무나 유명해. 이것은 고대 로마시대 때 소금을 화폐로 사용해 관리나 군인들의 월급을 준 데서 비롯한 말이야.

당시 유럽에서는 금이 많이 나질 않았대. 금은 대부분 아프리카에서 생산되었지. 로마인들은 날씨 좋은 지중해 연안에서 생산한 소

금을 싣고 아프리카로 갔어. 무더운 아프리카에서는 고기를 저장하고 생명을 유지하는 데 소금이 필수였지만 구하기가 어려워 소금이 금값이었다고 해. 그래서 소금과 금이 똑같은 무게로 거래되었다는구나. 소금 한 주먹이면 금도 한 주먹이었어.

지금 생각하면 너무 어처구니없는 일이지? 그러나 우리가 쓰는 소금이란 말도 한자로 풀이하면 '작을 소(小)' '금 금(金)'이야. 즉 '작은 금'이란 뜻이니 옛날에 소금을 얼마나 귀하게 여겼는지 조금은 이해가 되지?

◈ 조개껍질의 변신은 무죄

물품화폐 가운데 특히 주목할 것은 조개껍질이야. 조개껍질이 화폐 역할을 했다니 좀 놀랍다고? 그깟 흔해빠진 조개껍질이 무슨 돈이 될까 고개를 갸웃거릴 사람이 있을지 몰라. 하지만 이건 그냥 조개가 아니야. 주로 더운 지방에서만 나는 '개오지' 혹은 '자안패'라 불리는 아주 귀한 조개거든. 껍질이 두껍고 낙타 등처럼 볼록한데 색깔이 아름답고 광택이 나기 때문에 누구나 탐낼 만했지. 조개에 구멍을 뚫어 실로 꿰면 훌륭한 장신구가 되기도 했단다.

중국에서는 이 조개를 '바오빼이'라고 불렀어. 바오빼이를 한자로 쓰면 보패(寶貝)가 돼. 보석 같은 조개란 뜻이지. 값지고 귀한 물건을 일컫는 우리말 '보배'는 바로 이 보패에서 나온 거야.

고대 중국에서는 이 조개껍질을 거래 수단으로 널리 사용했어. 중국 한자를 보면 이것이 얼마나 값진 물건인지 짐작이 갈 거야. '화폐 화(貨)', '보물 보(寶)', '귀할 귀(貴)', '재물 재(財)' 자를 눈여겨봐. 글자 아래나 옆에 '조개 패(貝)' 자가 부수를 이루고 있지? 값지고 귀한 물건을 뜻하는 한자에는 이처럼 조개 패 자가 많이 들어가 있어. 그만큼 조개가 널리 화폐로 쓰였다는 증거인 셈이지.

영어로 카우리쉘(cowrie shell)이라 불리는 이 조개는 고대 중국을 비롯하여 아시아, 아프리카, 태평양의 섬들에서 화폐로 널리 사용되었어. 문명의 영향이 미치지 않은 일부 태평양의 섬에서는 최근까지도 쓰였어. 제2차 세계대전 당시 일본이 태평양의 뉴기니 섬을 침공했을 때, 그곳 화폐의 가치를 떨어뜨리기 위해 조개껍질을 마구 퍼뜨리는 바람에 원주민에게 원성을 듣기도 했단다.

6. 화폐의 혁명이 시작되다

신석기에서 청동기시대로 넘어가면서 화폐는 새롭게 변신했어. 변신이 가능했던 까닭은 이때부터 인류가 금속을 다루게 되었기 때문이야. 그래서 등장한 것이 금화나 은화, 동전 같은 금속화폐란다.

금속화폐가 탄생한 데는 그만한 이유가 있어. 곡식이나 소금, 털가죽 같은 물품화폐는 치명적인 약점이 있었거든. 부피가 크고 무거워 들고 다니기 힘들 뿐만 아니라 보관을 잘못하면 변할 수도 있지. 곡식을 오래 두면 썩거나 상하고, 소금이 비에 맞아 녹아 버리거나, 털가죽이 불이 나 타 버릴 수도 있

으니까 말이야.

　게다가 지역에 따라 사용하는 물품화폐가 달랐기 때문에 그 지역을 벗어나면 거래하기가 쉽지 않았어. 가령, 소금을 월급으로 받는 지역에서 카카오 열매를 주면 누가 받으려고 하겠어? 곡식을 돈으로 쓰는 지역에 동물 가죽을 가져와 돈으로 사용하려 해도 마찬가지로 낭패를 보았지.

　금속화폐는 이런 문제를 말끔히 해결했어. 금속은 어느 지역이든 값어치가 똑같고 오래 보관해도 별 탈이 없거든. 알다시피 금, 은 같은 금속은 예나 지금이나 귀중품이야. 청동도 마찬가지였지. 처음 청동이 나왔을 때는 보석처럼 귀한 물건이라 족장과 같은 지배층만 사용할 수 있었어. 이런 까닭에 금속화폐는 그 자체로 값어치가 높아서 누구에게나 귀한 대접을 받았단다.

청동은 구리가 주성분인데 푸른빛이 돌기 때문에 청동이라 불러. 청동 칼이나 청동 거울은 당시 지배자의 상징이었지.

　세계 최초의 금속화폐는 고대 중국에서 사용한 포전과 도전이야. 재미있는 것은 이들 모양이 좀 특이하다는 거야. 포전은 쟁기를 본뜬 모습이고, 도전은 칼 모양을 닮았거든. 정말 신기한 모습이지 않니?

　서양에서도 비슷한 시기에 금속화폐를 만들어 냈어. 지금의 터키 지방에 해당하는 리디아 제국이었지. 재료는 호박금이라 불리는 금과 은의 혼합물이 사용되었는데, 이 동전을 '일렉트럼'이라 부른단다.

◆ 중국 화북성 북부에 자리 잡은 연나라(기원전 323년~기원전 222년)에서 사용한 화폐. 물품화폐로 사용했던 칼의 모양을 본떠 만들어 도전이라고 부른다.

◆ 기원전 8세기부터 기원전 3세기까지 중국의 중원 지방에서 널리 사용한 포전. 물품화폐였던 농기구의 모습을 본떠 만든 주화이다.

◆ 서양 최초의 주화 일렉트럼. 기원전 7세기경 리디아 제국에서 만들어 널리 사용했다.

　일렉트럼은 강낭콩 정도의 크기로 약간 타원형이야. 망치로 두들겨서 만들었기 때문에 표면이 다소 우둘투둘해. 돈의 앞면에는 제국을 상징하는 사자나 황소가 새겨져 있고, 뒷면에는 금과 은의 순도를 표시해서 값어치가 얼마인지를 알 수 있지.

◈ **주화와 동전**
금속화폐는 쇠붙이를 녹여 거푸집에 부어서 원하는 모양을 만들어 내는 거야. 이런 걸 '주조화폐', 줄여서 '주화'라고 불러. 대표적인 주화가 바로 동전이야. 동전이란 '구리 동(銅)' 자를 써서 구리돈이란 뜻인데, 금화와 은화를 뺀 여러 가지 주화의 대명사처럼 쓰이고 있지.

7. 돈의 진화, 종이돈

금속화폐의 등장은 돈의 역사에서 아주 중요한 의미를 지니고 있어. 이것은 화폐 혁명이라 부를 만한 획기적인 사건이야. 곡식이나 소금, 카카오 열매 같은 물품화폐는 자연에서 얻은 거지만 금속화폐는 인간이 만들어 낸 창조물이거든.

금속화폐의 등장 이후 돈은 서서히 진화하기 시작했어. 그러다가 마침내 선보인 것이 지폐, 즉 종이돈이야. 지폐는 금속화폐와는 성격이 완전히 다르단다.

잘 생각해 봐. 금, 은, 청동 같은 금속화폐는 그 자체로 값어치를 가지고 있잖아. 그러나 종이돈은 그 자체로는 아무런 가치도 없는 종잇조각에 불과해. 지폐가 쓸모없는 종잇조각이 되지 않으려면 그것을 발행한 곳이 강력한 힘을 가지고 있어야 해. 그래야 지폐를 쓰는 사람들이 안심하고 돈으로 사용할 수 있으니까 말이야.

동양이 서양보다 훨씬 일찍부터 지폐가 발달한 이유도 그 때문이야. 역사상 지폐는 중국에서 처음 등장했어. 10세기 말 중국 상인들이 '교자'라는 걸 만들어 사용한 것이 시초지.

하지만 본격적인 사용은 몽골의 황제 쿠빌라이가 중국 대륙을 통일하고 원나라를 세운 뒤부터야.

당시 쿠빌라이는 '중통원보교초' '지원통행보초' 같은 지폐를 발행해 널리 유통시켰어. 그 대신 금, 은, 동 같은 금속은 사용하지 못하도록 모두 강제로 거두어들였지. 이 일이 가능했던 까닭은 왕을 중심으로 강력한 중앙 집권 체제를 이루었기 때문이야. 중앙 집권 체제에서는 왕이 명령을 내리면 그 아래의 관리를 통해 전국 방방곡곡의 백성들에게 차례차례 전달이 되거든.

　이에 반해 서양에서는 지폐의 발달이 동양보다 700년가량 늦어졌어. 중세의 유럽은 봉건제 사회라 종이돈을 사용할 준비가 안 되었기 때문이지. 봉건제는 왕이 영토를 여러 개로 쪼개서 영주들에게 나누어 주고 그들에게 충성 서약을 받는 형태야. 영주들은 자기 영토에서 거의 왕처럼 지냈으므로 국왕이라 하더라도 함부로 이래라저래라 할 수 없었어. 그래서 종이돈을 안심하고 사용할 수가 없었던 거란다.

◈ 마르코 폴로와 『동방견문록』

이탈리아의 여행가 마르코 폴로는 13세기 말에 중국에 왔다가 지폐를 보고 눈이 휘둥그레졌어. 유럽에서는 듣도 보도 못한 종이돈을 사용하고 있으니 신기할 수밖에! 그는 『동방견문록』이란 책을 써서 지폐를 소개했어. 하지만 유럽 사람들은 고개를 갸웃거리며 잘 믿으려 하지 않았단다. 금화나 은화가 돈의 전부인 줄 알았던 서양인의 눈에는 종이돈이 거짓말 같은 이야기로 여겨졌지.

◆ 마르코 폴로의 동방 여행 상상도이다. 아브라함 크레스크가 1395년에 그렸다.

8. 전자화폐의 등장과 화폐의 미래

화폐는 원시시대부터 아주 오랜 시간 동안 조금씩 발전해 왔어. 물물교환→물품화폐→금속화폐→지폐로 변신을 거듭했지. 그 결과 오늘날 화폐라고 하면 동전과 지폐를 떠올리게 마련이야. 그런데 정보 통신의 발달로 지폐나 동전 같은 돈이 우리의 눈앞에서 점차 사라지고 있어. 무슨 말이냐고?

과거에는 거래를 할 때는 반드시 돈을 주고받아야 했어. 불과 몇 십 년 전만 하더라도 월급을 줄 때 노란 봉투에 현금을 넣어서 줬지. 그러나 요즘에는 두툼한 월급봉투를 집으로 가져오는 회사원은 아무도 없을 거야. 전자화폐의 발달로 이제는 실제 돈이 손에서 손으로 오고 가지 않아도 되거든.

자, 회사원 김씨가 100만 원의 월급을 받는다고 해 보자. 이 돈은 월급날 직접 받는 게 아니라 컴퓨터 전산망을 통해 회사에서 은행 계좌로 들어가. 이날 가족과 함께 외식을 해서 카드로 긁는다면 그 비용만큼 곧바로 식당 주인에게 옮겨 가는 거지. 이런 식으로 집세나 옷값, 음식값, 교통비 등 각종 생활비를 쓴다면 어떤 현상이 일어날까? 김씨는 자기 월급으로 받은 돈을 한 번도 보거나 만지지 못한 채, 은행으로 들어온 돈과 나간 돈의 숫자만 통장에 남게 돼. 결국 돈은 눈앞에서 사라지고 숫자만 왔다 갔다 하는 꼴이 되는 셈이지.

전자화폐란 이처럼 실제 돈이 아니라 컴퓨터나 전자칩 등에 저장된 형태의 화폐를 말해. 인터넷이나 모바일 기기, 신용카드 등을 이용해 현금처럼 자유롭게 쓸 수 있지.

그러다 보니 요즘에는 지갑에 현금을 가지고 다니지 않는 사람도 많아. 현금이 없어도 하나도 불편하지 않거든. 물건을 살 때도, 영화를 볼 때도, 놀이공원의 입장료를 낼 때도 카드만 내밀면 얼마든지 현금처럼 쓸 수 있으니까. 여러분이 버스나 지하철로 통학할 때도 마찬가지야. 예전에는 돈을 주고 직접 표를 끊어야 했지만 요즘에는 교통카드 하나면 따로 요금을 낼 필요가 없어. 전자화폐의 등장이 우리 삶의 풍경을 바꾸어 놓은 거란다.

이게 끝이 아니야. 돈은 지금 이 순간에도 새로운 진화를 거듭하고 있거든. 현재도 사이버머니, 게임머니, 비트코인 같은 색다른 화폐의 형태가 선을 보이고 있는데, 미래에 어떤 화폐가 등장할지 아무도 예측할 수가 없지.

우리가 원시인이 사용한 물품화폐를 보면서 '앗, 이런 걸 돈으로 사용했단 말이야?' 하고 신기해하듯이 먼 미래의 사람들이 우리를 보며 그럴지 누가 알겠어?

◈ 전자화폐의 시초

신용카드는 가장 대표적인 전자화폐야. 이것은 1949년 미국의 한 사업가의 우연한 실수에서 비롯했어. 레스토랑에서 식사를 한 뒤 계산을 하려는데 깜박 잊어버리고 지갑을 안 가져온 거야. 그 때문에 곤욕을 치른 뒤, 이듬해 그는 친구와 함께 세계 최초로 '다이너스클럽'이라는 신용카드를 만들었단다. 이처럼 또 어떤 우연한 계기로 새로운 형태의 화폐가 만들어질지 아무도 모르는 일이야.

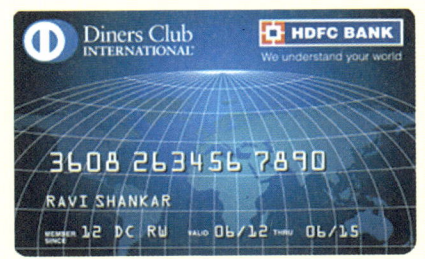

◆ 다이너스클럽 카드.

제 2 장
천의 얼굴을 가진 화폐

야누스가 뭔지 아니? 야누스는 고대 로마의 신 중 하나인데 앞뒤로 다른 두 가지 얼굴을 가지고 있는 게 특징이야. 이 때문에 겉 다르고 속 다른 사람을 빗대어 야누스의 얼굴을 가졌다고 말하곤 해. 돈도 비슷한 특성을 지니고 있어. 쓰임새에 따라서는 두 개의 얼굴이 아니라 천의 얼굴을 가졌다고 해도 거짓이 아니야. 화폐의 역사를 더듬어 가다 보면 돈이 지닌 갖가지 얼굴과 마주치게 돼. 인류의 역사 속에서 돈과 관련된 어떤 놀랍고 기막힌 이야기가 숨어 있는지 한번 알아볼까?

1. 황금이 몰고 온 축복과 재앙

화폐는 인간이 만든 최고의 발명품 가운데 하나야. 그러나 돈처럼 사랑과 미움을 동시에 받은 물건도 흔치 않아. 돈 때문에 웃을 수도 있지만 돈 때문에 울 수도 있거든. 왜일까? 동전의 양면처럼 서로 다른 모습이 그 속에 깃들어 있기 때문이야.

화폐는 우리 몸속의 혈액과 같아. 혈액이 우리 몸속 구석구석을 돌며 영양분을 공급해 몸을 살찌우듯이, 돈이 경제를 잘 굴러가게 하면 우리의 삶을 풍요롭고 윤택하게 만들 수 있어. 이런 측면에서 돈은 인간에게 축복이지. 그러나 반대로 돈은 언제든 사악한 모습으로 바뀌어 엄청난 재앙을 몰고 오기도 해. 인류의 역사 속에서 그런 장면을 어렵지 않게 마주칠 수가 있단다.

나일 강을 중심으로 한 고대 이집트 문명은 세계 4대 문명 발상지 중 하나야. 이집트 문명이 화려한 꽃을 피울 수 있었던 이유는 무엇일까? 이집트 문명을 연구한 어떤 학자는 나일 강 일대의 비옥한 토지와 함께 황금을 이유로 꼽았어. 나일 강 유역은 농사가 잘 되어 수확물이 많았을 뿐더러 황금 또한 풍부했지. 특히 누비아(지금의 이집트와 수단의 국경 지대) 지역에 황금이 엄청나게 매장되어 있었어. 이집트의 왕 파라오는 이것을 노리고 수차례 정복 전쟁을 일으켰어. 막강한 이집트 군대 앞에 누비아인은 금을 캐는 노예 신세가 되고 말았지.

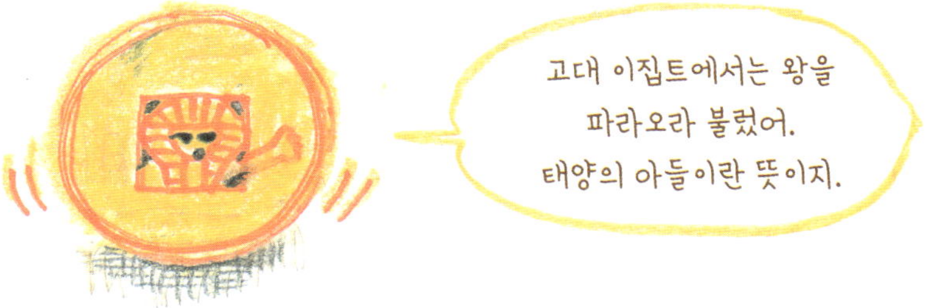

고대 이집트에서는 왕을 파라오라 불렀어. 태양의 아들이란 뜻이지.

이로 인해 파라오의 금고는 황금으로 넘쳐났어. 이집트에는 '먼지보다 금이 더 흔했다.'는 기록이 남을 정도로 말이야. 이처럼 황금으로 뒷받침된 경제력이 있었기에 투탕카멘 왕의 황금 가면이나 피라미드 같은 웅장하고 신비로운 건축물이 탄생할 수 있었지.

그러나 역사가 가르치는 교훈은 황금과 약탈로 세워진 나라는 반드시 그 황금으로 인해 약탈을 당하고 만다는 거야. 고대 이집트는 황금이 풍부한 데다 아시아, 유럽, 아프리카 대륙이 만나는 곳에 위치해 있었어. 이 때문에 주변의 제국들이 수시로 그 땅을 넘보았지. 기원전 7세기 아시리아의 침략을 시작으로 페르시아, 알렉산더 대왕, 로마 제국이 잇달아 이집트를 침략했고, 그때마다 엄청난 양의 재물을 약탈했어. 고대 이집트는 황금으로 영광을 누리기도 했으나 반대로 그 황금이 재앙을 몰고 와 시련을 당한 거란다.

◈ 황금의 손 미다스

어느 시대를 막론하고 인간은 반짝이는 황금을 손에 넣고 싶어 했어. 황금이 경제적 부와 권력을 가져다주기 때문이야. 하지만 황금이 불러올 재앙을 경계하기도 했지.

그리스 신화에 나오는 미다스 왕은 술의 신 디오니소스에게 소원을 빌었어. 자신의 손으로 만지는 것이면 무엇이든 황금으로 변하게 해 달라고 말이야. 디오니소스가 그 청을 들어 주자 미다스 왕은 세상을 다 얻은 듯 좋아했지. 그러나 기쁨도 잠시, 왕비와 딸을 만지자 황금 조각상으로 굳어 버렸고, 빵과 포도주 역시 손을 대는 순간 황금으로 변해서 먹을 수가 없었지. 뒤늦게 후회한 미다스 왕은 다시 소원을 빌어 원래의 모습으로 돌아와 행복을 되찾았단다.

2. 화폐를 좀먹는 도둑들

'금과 은은 원래 화폐가 아니었지만, 화폐는 원래부터 금과 은이었다.'

유명한 정치경제학자인 칼 마르크스가 남긴 말이야. 금과 은은 그저 땅속에서 캐낸 금속일 뿐이지만 그 고귀함 때문에 화폐가 될 운명을 타고났다는 뜻이지.

이 말마따나 금과 은은 화폐로 인기가 높았단다. 처음에는 크고 작은 덩어리 형태로 뭉텅뭉텅 잘라서 사용했어. 그러다 보니 모양과 무게가 제각각이라 거래할 때마다 일일이 저울로 달아야 했어. 몹시 번거롭고 성가신 일이었지. 그래서 나온 것이 금화와 은화 같은 동전이야. 크기와 모양이 똑같으니 값어치도 똑같아 쓰기에 편리했거든.

그런데 동전이 화폐로 사용되자 큰 골칫거리도 생겨났어. 금화나 은화가 제 값어치를 유지하려면 무게가 일정해야 하는데, 좀도둑들이 이득을 챙기기 위해 돈을 훼손한 거야. 수법은 다양했어. 동전의 가장자리를 조금씩 깎아 내기도 하고, 가죽 가방 안에 여러 개의 동전을 넣고 흔들어 떨어지는 가루를 모으기도 했지. 그러다 보니 불량 주화가 판을 치게 되었단다.

이를 막기 위해 1663년 영국에서 처음으로 동전 주위에 오돌토돌한 톱니 모양을 새기기 시작했어. 동전을 깎아 내면 톱니 모양이 사라지니까 바로 들통이 나는 거지. 현재 우리나라에서 사용하는 50원, 100원, 500원짜리 동전

에도 각각 109개, 110개, 120개의 톱니가 새겨져 있단다.

동전의 무게뿐 아니라 순도를 속이는 일도 문제가 되었어. 겉으로 보면 똑같지만 그 속에 든 금과 은의 함량, 즉 순도가 달랐거든. 당연히 순도가 높을수록 가치도 높았지. 같은 동전이라도 금이 100퍼센트인 것과 50퍼센트인 것은 그 가치가 두 배나 차이 나니까. 이걸 노리고 순도 높은 동전은 뒤로 감춘 채 함량 미달의 불량 동전을 위조해 퍼뜨리기도 했지.

화폐의 위조나 변조는 경제 질서를 어지럽히는 일이야. 그래서 어느 시대를 막론하고 극형에 처해졌어. 고대 로마에서는 콜로세움 한복판에 던져 사자 밥이 되게 하고, 중세 유럽에서는 교수형에 처한 뒤 시체를 불에 태웠다는구나.

더 끔찍한 처벌은 1124년 영국의 헨리 1세 때 일어났어. 당시 화폐의 질이 하락하자 화가 난 왕은 200여 명에 이르는 화폐를 제조하는 기술자들을 의심하고, 이들을 다 불러 모아 그중 100여 명에게 오른손을 자르는 형벌을 내렸다고 해. 이런 가혹한 처벌이 뒤따름에도 불구하고 화폐의 위조와 변조는 오늘날까지 계속되고 있단다.

동전의 톱니 모양을 처음 만든 건 만유인력으로 유명한 뉴턴이야. 영국 정부가 그를 화폐 제조 책임자로 임명해 톱니를 개발한 거란다.

◆ 순금을 24캐럿(k)이라고 부르는 이유

시금석이란 어떤 사물의 가치나 사람의 역량을 가늠하는 척도가 되는 것을 뜻해. 하지만 원래는 '금을 시험하는 돌'이란 말이야. 옛날에 거래를 할 때 물건의 대가로 금을 받으면 곤란한 일이 생겼어. 겉보기만으로는 그게 불량인지 아닌지 전문가조차 가늠하기 어려웠거든. 이 문제를 해결하기 위해 사용한 방법이 시금석이야. 이 돌에 금을 문질러 남는 흔적을 가지고, 24가지 다양한 합금 바늘로 된 시험도구를 문질러 생긴 흔적과 비교한 거지. 이 바늘들은 각각 금과 은, 금과 구리 등 다양한 비율로 혼합된 것인데, 이중 24번째 바늘이 순금이었어. 그래서 순금을 24캐럿이라 불러. 만약 여러분이 쓴 안경테가 18캐럿이라면 금의 함량이 $\frac{18}{24}=75$퍼센트가 되고, 14캐럿이라면 $\frac{14}{24}=58$퍼센트 정도가 되는 거란다.

3. 역사 속 불량 화폐 이야기

화폐가 등장한 이후 이를 위조하거나 변조해 이득을 챙기려는 사람들은 어느 시대에나 있었어. 이들이 작은 도둑이라면 정말 큰 도둑은 따로 있어. 큰 도둑에 비하면 이들의 행동은 애교에 불과하지.

그럼, 큰 도둑이 누구냐고? 그들은 놀랍게도 나라를 다스리는 왕이나 권력자들이야. 국가가 앞장서 화폐를 위조하다니! 정말 어처구니없는 일이지만 역사에서는 이런 일이 자주 일어났단다.

대표적인 경우가 로마야. 로마는 애초부터 정복 국가로 발돋움했어. 지중해를 중심으로 유럽과 아프리카, 서아시아 지역에 이르기까지 거대한 제국을 세웠지. 로마인은 전쟁터에서 끌고 온 포로를 노예로 삼아 부리고, 정복지에서 들어오는 각종 생산물로 풍요로운 생활을 누릴 수 있었어.

시간이 흐르자 로마인은 전쟁에도 관심이 없어지고, 흥청망청 사치와 향락에만 빠져들었어. 이때 필요한 건 당연히 돈이지. 돈을 만드는 금과 은은 정복지에서 약탈해 오기도 했지만 주로 스페인 지역의 광산에서 생산했어. 하지만 시간이 지날수록 금은 광산도 점차 바닥을 드러냈지.

화폐 변조의 시초는 폭군으로 유명한 로마의 5대 황제 네로였어. 그는 별로 티가 안 나게 금, 은의 함유량을 10퍼센트 정도 줄였지. 후대의 황제들도 이 방식을 따라 조금씩 조금씩 줄여 나갔어. 그러다 150년 후쯤에는 50퍼센

트로 줄고, 나중에는 금이나 은이 거의 들어 있지 않고 겉모양만 금빛인 동전까지 만들어졌단다.

　로마 시민들이 이걸 모를 리가 있겠어? 그들은 예전에 만든 진짜 금화와 은화를 감추고 내놓지 않았어. 그 동전을 녹이면 더 비싼 값을 받을 수가 있는데 누가 사용하겠니? 결국 불량 화폐만 판을 치게 되었지. 동전의 가치가 땅에 떨어지자 예전에 은화 한 개로 살 수 있었던 물건도 이제는 은화 두 개가 필요해졌어. 외국에서도 로마의 불량 화폐를 잘 받으려 하지 않았지. 로마는 점점 돈이 더 부족해 군인들의 봉급조차 줄 수 없는 처지가 되었고, 외부의 침략으로 서로마 제국은 476년에 끝내 멸망하고 말았단다.

◆ 고대 로마의 금화. 주로 당대의 집정관이나 황제의 옆얼굴을 새긴 모양이 많다.

◆ 고대 로마의 은화. 당시의 은화를 현재 가치로 환산하면 2만~4만 원 정도이다.

◈ 돈 먹는 하마, 전쟁

나라에서 불량 화폐를 내놓게 되는 까닭은 비단 왕이나 권력자의 사치와 향락 때문만은 아니야. 화폐를 타락시키는 단골손님은 따로 있어. 그건 바로 전쟁이야. 전쟁을 하자면 무기도 사야 하지, 군인들도 먹이고 입혀야지, 봉급도 줘야지, 돈 들어갈 곳투성이야. 로마의 역사가 타키투스는 '돈이 전쟁의 버팀목'이라는 말을 남겼어.

전쟁이 끊이질 않았던 중세시대에는 여러 나라의 왕들이 툭하면 화폐의 가치를 떨어뜨리곤 했어. 가치가 높은 기존의 화폐를 거두어들인 다음 새 화폐를 찍어 내 거기서 얻은 이익으로 전쟁 비용을 감당한 거야. 전쟁에서 이기면 다행히 쓴 돈을 다소 만회할 수 있지만 지게 되면 끝장이지.

역사상 아주 혹독한 대가를 치른 것으로 유명한 사람은 백년전쟁 당시 영국군의 포로가 되었던 프랑스의 왕 장 2세야. 그는 전쟁에서 생포된 후 자신의 몸값을 지불하기 위해 재위 기간 동안 무려 70번이나 화폐를 개조했다고 해. 당시 그의 몸값은 프랑스 영토 절반의 가치에 달했다는구나. 따지고 보면 전쟁도 돈이 치르는 거야. 오늘날 잘사는 부자 나라가 군사력도 강한 이유를 알겠지?

4. 금을 만드는 마법사

금이 값비싼 화폐로 쓰이다 보니 금을 얻으면 곧 큰돈을 얻는 거였어. 하지만 그걸 손에 넣기란 여간 어렵지 않았지. 금 한 덩이를 얻자면 광부들이 광맥을 따라 엄청난 양의 흙을 파내고 복잡한 공정을 거쳐야 하니까 말이야. 그래서 사람들은 금을 좀 더 쉽게 얻을 방법이 없을까 고민했지. 그렇게 시작된 게 바로 연금술이란다.

지금은 금을 만들어 낸다는 게 황당한 얘기로 들리지. 하지만 고대인의 눈으로 보면 꼭 그렇지만도 않아. 그들은 자연의 현상을 관찰하다 놀라운 사실을 발견했어. 그게 뭐냐고? 모든 게 변할 수 있다는 거지. 가령, 딱딱한 얼음이 녹으면 물이 되고, 뜨겁게 끓이면 수증기가 되어 하늘로 날아가 버려. 또 곤충의 애벌레가 자라서 번데기가 되고, 다시 허물을 벗으면 나비가 돼. 신비스럽고 마술 같은 일이 아닐 수 없지. 연금술사들은 이와 같은 방식으로 철이나 구리, 납 따위의 금속을 금과 은 같은 귀금속으로 바꿀 수 있다고 생각한 거야.

연금술사들은 작업실에 틀어박혀 온갖 해괴한 실험을 했어. 갖가지 금속을 끓이고 섞고 굳히면서 금 만드는 방법을 찾으려고 애썼지. 물론 그런 실험은 아주 비밀스럽게 이루어졌어. 실험 과정이나 결과 또한 자기들끼리만 알 수 있는 암호 같은 글이나 그림으로 기록했지. 금을 만드는 방법이 아무

에게나 알려지면 안 되니까.

  그 비밀을 살짝 훔쳐볼까? 예를 들어, 실험 물질인 유황은 왕이나 태양으로 나타내고, 수은은 왕비나 달로 표현했어. 이 둘의 결합은 왕과 왕비가 함께 목욕하는 장면을 그리는 식이었지. 또 토막 난 시체는 금속이 변해 가는 과정을, 손과 발이 잘린 섬뜩한 그림은 금속끼리 합쳐지는 과정을 상징적으로 표현한 거야. 보통 사람의 눈에는 몹시 괴상하고 엽기적이었지.

  서양의 만화나 영화를 보면 이상한 약을 만드는 검은 옷의 마법사들이 종종 나오는데, 이것은 은밀한 실험에 몰두하던 연금술사에서 비롯한 거란다.

◈ 연금술과 아리스토텔레스

연금술은 황금이 풍부했던 고대 이집트에서 시작되어 중세시대에 유럽에 널리 퍼졌어. 처음에는 금에 대한 호기심으로 출발했지만 고대 그리스 철학과 만나면서 이론적 기반을 가지게 되었지.

특히 아리스토텔레스는 연금술과 관련이 깊어. 그의 철학에 따르면 물, 불, 공기, 흙의 4원소가 갖가지 비율로 결합하여 우주의 모든 물질이 만들어진다는 거야. 그런데 이것은 고정된 것이 아니라 네 가지 성질(뜨거움, 차가움, 축축함, 건조함)과 만나면 언제든 변할 수 있다고 생각했어.

따라서 4원소와 4성질을 잘 조작하면 A라는 물질이 B라는 전혀 다른 물질로 바뀔 수 있지. 연금술사들은 이런 식으로 금을 만들어 낼 수 있다고 생각한 거야.

물론 19세기 들어와 근대과학이 발전하면서 화학적인 방법으로는 금을 만들 수 없다는 사실이 밝혀져 연금술은 종말을 고했어. 하지만 만유인력을 발견한 뉴턴 같은 과학자도 연금술에 깊이 빠졌을 만큼 과학의 발전에 큰 영향을 미쳤단다.

5. 엽전 속에 담긴 동양의 철학 사상

서양의 연금술과 비슷한 것이 동양에도 있었어. 서양에서는 금을 만들 목적이었지만 동양에서는 그렇지 않아. 영원한 생명을 얻을 수 있는 불로장생의 묘약, 즉 '선단(仙丹)'을 만들 목적이었기 때문에 '연단술'이라 불러. 선단이란 신선들이 먹는다고 알려진 신비한 약이야.

연단술은 최초로 중국을 통일한 진나라 시황제와 특히 관련이 깊어. 그는 천하를 손에 쥐고 호령하게 되자 그 권세를 영원토록 누리고 싶었지. 그래서 늙지도 죽지도 않는 불로불사의 약을 얻기 위해 사방팔방 사람을 보냈는데, 우리나라에도 그가 보낸 사신이 왔대.

하지만 이 세상 어디에 불사약이 있겠니? 그는 결국 50살의 나이에 죽음을 맞이했어. 그렇게 일찍 죽은 원인이 뭔 줄 아니? 어처구니없게도 불로불사의 묘약인 줄 알고 먹었던 수은 때문이야. 수은은 중금속이라 먹으면 큰일 나지만 당시에는 그걸 몰랐지. 결국 불사약을 찾다가 도리어 자신의 수명을 재촉한 꼴이 되고 말았지.

진시황은 폭군으로 알려져 있지만 역사적으로 남긴 업적도 많아. 그중 하나가 화폐 제도야.

동양에서는 금화나 은화가 그리 발달하지 않았어. 이는 왕이나 귀족들이 쓰는 귀한 물건인 데다 서양에 비해 화폐로 만들어 쓸 만큼 금은이 생산되지 않은 데 근본적인 원인이 있지.

동양에서는 구리를 주원료로 한 엽전이 돈으로 널리 쓰였어. 엽전은 아주 독특한 모양을 하고 있는데 겉은 둥글고 가운데는 네모난 구멍이 뚫려 있어. 이런 걸 '원형방공전'이라고 불러. 여기에는 '하늘

은 둥글고, 땅은 네모나다.'는 동양의 세계관이 담겨 있단다.

원형방공전이 처음 세상에 나온 것은 진시황 때야. 그는 중국 대륙에 통일 왕조를 세운 다음, 제후국마다 제각각이던 화폐를 통일시켜 '반냥'이라는 엽전을 만들어 냈어. 반냥이란 말 그대로 동전의 무게가 한 냥의 반이라는 뜻이지. 이 돈은 이후 2천 년 동안 동양 주화의 표준 모델이 되었어.

중국의 영향을 많이 받은 우리 나라에서도 둥근 원형에 네모난 구멍이 뚫려 있는 엽전이 만들어졌단다.

◆ 기원전 221년경 진나라에서 만든 반냥. 엽전의 기원이 되는 주화이다.

◈ 동양의 화폐와 음양오행설

동양과 서양의 화폐 발달은 조금 달라. 서양의 고대나 중세를 무대로 한 영화에서는 큰 궤짝 속에 금화나 은화가 가득 든 장면을 쉽게 볼 수 있어. 하지만 동양에서는 좀체 이런 모습을 보기 어려워. 금은이 부족했던 탓도 있지만 그에 못지않은 또 다른 이유도 한몫을 했단다.

동양 철학 사상의 핵심은 음양오행설이야. 즉 세상에는 하늘과 땅, 남자와 여자가 있듯 우주 만물을 이루는 밑바탕에는 음과 양이 있고, 음과 양이 변화하고 움직이면서 다섯 가지 기운을 만들어 낸다는 뜻이야. 다섯 가지 기운은 즉 물(水) 불(火) 흙(土) 쇠(金) 나무(木)의 성질을 말해. 오행은 다시 북쪽(물), 남쪽(불), 중앙(흙), 서쪽(쇠), 동쪽(나무)의 다섯 방위를 가리킨다고 해. 다섯 방위는 색채와도 연결되는데 중앙의 노란색은 황제를 상징해. 그래서 중국에서는 황제를 상징하는 노란색의 금으로 화폐를 만드는 것을 그리 탐탁지 않게 여겼어.

한편 동양의 독특한 화폐 모양에도 음양오행의 철학이 고스란히 담겨 있단다. 화폐의 앞뒤 양면은 각각 음과 양이야. 가운데 사각형 구멍의 중앙을 중심으로 동, 서, 남, 북 다섯 방향을 이루고 있지. 동양의 화폐에는 하늘과 땅의 대리인인 황제가 둥근 하늘과 네모난 땅을 상징하는 화폐를 백성들을 위해 발행했다는 뜻이 깃들어 있어.

6. 신대륙 발견은 비극인가? 축복인가?

연금술은 황금에 대한 유럽인의 갈망을 채워 주지 못했어. 반면에 금은 외부 세계로 자꾸만 빠져나갔지. 당시 아랍 상인을 통해 동방에서 들여온 향신료, 비단, 도자기 같은 물건이 사람들의 눈길을 사로잡았거든. 유럽에서는 볼 수 없는 진귀한 물건이라 귀족들은 금화를 아낌없이 써 버렸지. 이 때문에 심각한 금화 부족에 시달렸단다.

당시 향신료의 하나인 후추 가격은 같은 무게의 황금과 맞먹을 정도로 비쌌다고 해.

금이 부족해지자 유럽인들은 미지의 세계로 눈을 돌렸어. 특히 마르코 폴로가 『동방견문록』에서 소개한 동방의 세계는 유럽인에게 환상을 심어 주었지. 동방의 땅 어딘가에 황금이 지천으로 널려 있다는 소문이 퍼졌거든.

당시 인도와 중국의 존재는 알았지만 실제로 가 본 사람은 극히 드물었어. 유럽 사람들은 그곳으로 가기 위해 새로운 항로를 개척하려고 애를 썼지. 이들은 항해에 나서면서 겉으로는 기독교 세계의 복음을 전파한다는 이유를 내세웠지만, 진짜 속셈은 황금을 찾기 위해서였단다.

콜럼버스도 그런 사람들 중 하나야. 다만 그는 좀 남다르게 생각했어. 동방 세계로 가기 위해 남들이 동쪽으로 방향을 잡을 때 그는 반대로 서쪽으로 나아간 거야. 그 무렵 유럽인은 과학 지식에 눈을 뜨면서 지구가 둥글다는 사실을 어렴풋이 알고 있었어. 그래서 서쪽으로 가면 오히려 동방에 더 쉽게 가닿지 않을까 생각한 거지. 그의 예상은 적중하여 70여 일간의 고된 항해 끝에 1492년 10월 신대륙에 첫발을 내딛었단다.

신대륙 발견 이후 황금을 노린 자들이 앞다투어 몰려들었어. 그 선두에 선 침략자가 두 명 있었지. 바로 역사적으로 악명 높은 코르테스와 피사로야.

1519년 스페인의 코르테스는 사병 500명을 이끌고 지금의 멕시코 지역인 아즈텍 제국에 발을 들여놓았어. 그는 제국의 수도에 황금이 넘쳐 나는 것을 보고 부하들에게 말했지.

"아즈텍을 정복하면 황금을 마음껏 갖게 될 것이다."

이후 3년간 아즈텍을 차지하기 위해 무자비한 공격을 퍼부었어. 그 와중에 생포된 아즈텍 제국의 황제 몬테주마는 돌에 맞아 목숨을 잃고, 최후의 총공격에서는 1만 5천 명의 원주민이 죽음을 당했지. 코르테스와 병사들은 멸망한 제국을 샅샅이 뒤져 마음껏 황금을 약탈했단다.

1532년 또 다른 스페인 사람 피사로가 약탈의 대열에 합류했어. 그는 지금의 페루

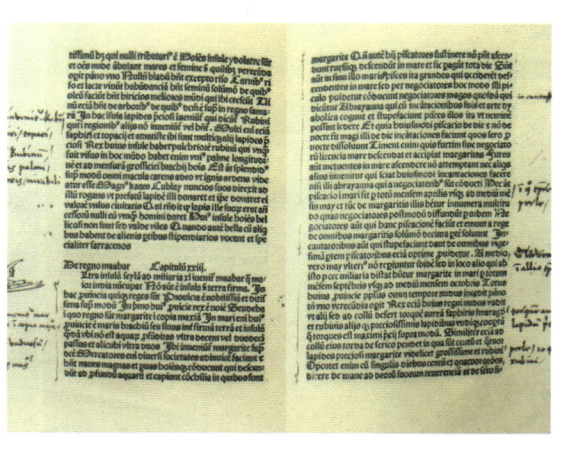

◆ 콜럼버스가 즐겨 읽던 라틴어판 『동방견문록』의 한 페이지.

지역인 잉카 제국을 침략의 대상으로 삼았어. 코르테스를 본받아 잉카의 황제를 인질로 잡고 몸값을 요구했지. 석방 조건은 커다란 방 하나를 황금으로 가득 채우고, 나머지 두 개의 방은 은으로 채우라는 거였어.

잉카의 백성들은 황제를 구하기 위해 두 달에 걸쳐 황금과 은을 모아 방을 가득 채웠지. 하지만 피사로는 약속을 어기고 이듬해 황제를 의자에 묶고 목을 졸라 죽였단다.

아즈텍 문명과 잉카 문명은 정복자들의 무자비한 침략과 약탈로 한순간에 잿더미가 되었어. 신대륙을 발견한 유럽인에게는 축복이었을지 몰라도 오랜 세월 그 땅을 평화롭게 지켜 온 아메리카 원주민에게는 느닷없이 떨어진 날벼락이나 다름없었지.

7. 황금에 눈이 먼 자들

한번 상상해 봐. 어느 날 외계인이 비행접시를 타고 지구에 나타났어. 그들은 지구를 발견했다고 호들갑을 떨면서 여기저기 헤집고 다니며 마음껏 지구를 약탈하지. 그 등쌀에 지구인은 노예처럼 살면서 점점 멸망해 가는 거야. 무슨 공상과학영화에나 있을 법한 얘기지만 실제 인류의 역사에도 이런 일이 있었어. 바로 신대륙의 발견이야.

사실 '신대륙 발견'이란 어디까지나 유럽인의 관점에서 본 말이야. 신대륙에는 본래 원주민이 살고 있었거든. 콜럼버스가 오기 전에도 그 땅에서 아즈텍과 잉카 제국이 찬란한 문명을 이루고 있었단다.

정복자들은 그 땅에 세워진 훌륭한 문명을 파괴했을 뿐 아니라 원주민을 노예로 삼았어. 광산으로 끌고 가 더 많은 황금을 캐내도록 했지. 가혹한 노동에 시달리던 원주민들이 하나둘 쓰러져 갔어. 남미의 한 광산에서는 너무 혹독하게 부린 나머지 원래 10만 명이던 원주민이 불과 몇 십 년 만에 2천여 명밖에 살아남지 못했어. 이렇게 원주민이 죽어 간 탓에 신대륙 발견 이후 200년이 지나자 살아남은 원주민은 십분의 일도 안 되었다는구나.

이는 약탈 과정에서 생긴 대대적인 학살과 가혹한 노동 때문에 빚어진 일이기도 하지만 더 큰 이유는 따로 있어. 총이나 칼로 무장한 스페인 정복자들의 몸 안에 더 무서운 게 숨어 있었거든. 바로 전염병을 옮기는 세균이었지. 유럽인은 오랜 세월 천연두를 비롯한 각종 세균으로 몸살을 앓으면서 자연스레 면역력이 생겼어. 하지만 수만 년 동안 따로 떨어져 살던 신대륙의 원주민은 아무런 저항력이 없었지. 그들의 몸에 세균이 옮겨 가자 무시무시한 저승사자로 변해 엄청나게 많은 목숨을 앗아 간 거란다.

원주민이 사라진 빈자리는 아프리카에서 끌고 온 흑인 노예들로 채워졌어. 신대륙에는 금광 말고도 큰돈을 벌 수 있는 황금 사업이 있었어. 드넓은 농장을 만들고 거기에 목화를 기르거나 사탕수수를 심어 설탕을 만드는 거야. 당연히 여기에 필요한 힘든 노동은 흑인 노예들의 몫이었지.

링컨 대통령이 주도한 노예 해방이 있기 전까지 이들은 비참한 취급을 받으며 짐승처럼 일해야 했단다. 당시 유럽인이 신대륙에서 약탈해 간 황금과 생산물에는 아메리카 원주민과 흑인 노예들의 피와 땀과 목숨이 어려 있어.

8. 나라의 보호를 받은 이상한 해적

15세기 초만 해도 스페인은 세계의 역사에서 주목을 끌지 못했어. 유럽의 변방에 위치한 별 볼 일 없는 나라였거든. 그런데 신대륙의 발견과 함께 거기서 약탈한 황금을 발판으로 삼아 강대국으로 우뚝 섰지. 그 중심에는 스페인의 '무적함대'가 있었단다.

무적함대는 당해 낼 적수가 없다고 해서 붙은 이름이야. 무적함대가 세계의 바다를 누비며 주인 행세를 하자 이를 몹시 불쾌한 눈길로 바라보는 나라가 있었지. 또 다른 해양 국가인 영국이었어. 스페인이 하루아침에 해양 강국이 되어 설치는 꼴을 못마땅하게 여긴 거야.

"흥! 제까짓 것들이 뭐라고! 신대륙에서 약탈한 황금으로 부자가 된 주제에 세계를 지배하려 들다니 그냥 두고 볼 수 없어! 코를 납작하게 해 줄 방법이 뭐 없

을까?"

당시 영국의 여왕인 엘리자베스 1세는 아주 손쉬운 방법을 생각해 냈어. 신대륙에서 가져오는 금과 은을 중간에서 가로채는 거였지. 이를 위해 영국 상선들에게 '약탈 허가증'을 내주었어. 대신 빼앗은 물건은 정부와 나누어 가져야 했지. 한마디로 이득을 챙기기 위해 정부에서 해적질을 허가해 준 거야.

이때 이름을 날린 유명한 해적이 바로 '드레이크 선장'이야. 그는 대담한 노략질로 스페인을 골탕 먹이고, 영국 정부의 지갑을 두둑하게 채워 주었어. 여왕은 보답으로 그에게 기사 작위를 내렸어. 돈도 벌고 벼슬까지 얻은 셈이지. 스페인 입장에서는 눈엣가시 같은 존재라 수배령까지 내렸지만 잡을 수가 없었단다.

약탈이 계속되자 스페인은 마침내 영국에 선전포고를 했어. 역사상 최대 규모의 해상 전쟁이 시작된 거야. 양측은 프랑스의 칼레 앞바다에서 맞부딪쳤어. 당시 위풍당당한 스페인의 무적함대에 비해 영국의 함대는 형편없이 초라했지. 마치 다윗과 골리앗처럼 거인과 아이가 싸우는 것 같아 모두 스페인이 이길 거라 예상했어. 하지만 승리의 여신은 영국의 손을 들어 주었단다.

당시 가장 큰 활약을 펼친 사람이 바로 해적 드레이크야. 그는 대담한 기습 작전과 신출귀몰하는 전술로 무적함대를 무찔렀지. 이것이 세계 4대 해전의 하나로 기록된 유명한 '칼레 해전'이야.

전쟁의 패배로 스페인은 점차 쇠락하고, 영국이 최강국으로 떠올랐어. 해상 패권을 차지한 영국은 아메리카, 아시아, 아프리카 등 세계 곳곳에 식민지를 두어 '해가 지지 않는 나라'로 불리게 되었단다.

해적왕 드레이크 인터뷰

노마: 자기소개를 좀 부탁드릴까요?

드레이크: 내 이름은 프랜시스 드레이크요. 가난한 소작농의 아들로 태어났으나 평생 바다 위를 떠돌았소. 나를 해적이라 부르는 사람도 있지만 난 엄연히 영국을 대표하는 항해가이자 탐험가요.

노마: 언제부터 뱃사람이 되었나요?

드레이크: 열 살 되던 해 처음 바다로 나가 스무 살에 작은 화물선의 선장이 되었소. 하지만 벌이도 시원찮고 더 큰 바다로 나가고 싶었지요. 그래서 사촌 형이 이끄는 선단에 들어가 무역업을 같이 했소.

노마: 해적이 된 이유가 있나요?

드레이크: 자꾸 해적, 해적 하지 마시오. 난 엄연히 여왕에게 기사 작위를 받았으니 드레이크 경이라 불러 주시오. 스페인 배를 침탈한 것은 원한이 있기 때문이오. 사촌 형과 무역업을 할 때 서인도 제도 근처에서 스페인 측의 공격을 받아 선원들이 모두 죽고 사촌 형과 나만 간신히 도망쳤소. 그때 반드시 복수할 결심을 한 거요.

노마: 스스로를 탐험가라고 했는데 특별히 기억에 남는 게 있나요?

드레이크: 당연히 있지요. 세계 일주를 하며 새로운 항로를 발견한 거요. 아메리카 남쪽 바다의 드레이크 해협은 그때 내가 처음 개척한 바닷길이라오.

노마: 그 당시 스페인의 황금 운반선을 공격해 해적으로 이름을 날린 거지요?

드레이크: 거참, 해적이라 부르지 말라니깐! 어차피 그들도 신대륙의 원주민에게 약탈한 게 아니오. 내가 해적이라면 그들 또한 도적놈이니 피차 마찬가지 아니겠소? 내가 조금 빼앗아 조국인 영국을 위해 쓴 것뿐이오.

노마: 스스로 공적이 있다면 뭐라고 생각하나요?

드레이크: 두말할 것도 없이 칼레 해전에서 공을 세운 거지요. 이 승리로 우리 영국이 대국으로 발돋움하지 않았소? 내가 영국의 영웅으로 칭송받는 것도 그 때문이라오.

9. 어디 어디 숨겼나, 보물 지도

요즘은 대부분 돈을 은행에 맡겨. 하지만 은행이 없던 옛날에는 돈이 너무 많아도 걱정이었어. 그걸 어디다 숨기고 보관할지 골치가 아팠지. 허술하게 관리했다가는 도둑의 표적이 될 수도 있잖아?

우리에게 익히 알려진 명작 소설『보물섬』은 그냥 나온 게 아냐. 실제 이야기를 바탕으로 쓴 거야.

캐나다 남동부에 오크 섬이란 곳이 있어. 우리말로 번역하면 '참나무 섬'이 되는데 떡갈나무가 많아서 붙은 이름이래. 이 섬에 보물이 묻혀 있다는 전설이 400년 전쯤부터 내려오고 있는데 내용을 간추리면 이런 거야.

'17세기 후반 윌리엄 키드라는 해적이 있었다. 캡틴 키드로 불린 그는 해적의 우두머리로 이름을 날리며 여기저기서 약탈한 보물이 꽤 많았다. 그는 목숨이 위태로워지자 황금을 어딘가에 숨겼는데 그곳이 바로 오크 섬이다.'

실제로 캡틴 키드는 해적질을 한 죄로 1701년 교수형을 당했단다.

오크 섬이 사람들의 관심을 끌기 시작한 것은 그가 죽은 지 100년 후쯤이야. 세 소년이 그곳에 사냥을 갔다가 우연히 땅속으로 굴이 난 것을 발견했어. 사람이 파서 만든 갱도였지. 그들은 캡틴 키드가 숨긴 보물 이야기를 생각하고 굴을 파 들어갔지만 아무것도 찾지 못했다고 해.

　이 소문이 퍼지자 전 세계의 많은 모험가가 보물찾기에 나섰어. 개중에는 아주 큰돈을 들인 사람도 있었지만 굴이 워낙 복잡하게 얽혀 있어 허탕만 쳤지. 발굴 도중에 사고가 나서 사람도 여럿 죽었기 때문에 '저주의 갱도'란 별명만 얻은 채 아직까지 전설로 남아 있단다.

◈ 전설 속의 숨은 보물찾기

엘도라도

엘도라도는 남아메리카 북부 어딘가에 있다고 전해지는 황금의 나라야. 스페인어로 '금가루를 칠한 사나이'란 뜻이지. 16세기 보물을 찾아 남아메리카에 발을 디딘 스페인 사람들은 어느 인디언 부족에 관한 이야기를 들었어. 그 부족은 축제 때 온몸에 금가루를 칠한 추장이 의식을 마친 뒤 근처 호수에서 금가루를 씻어 내고, 부하들이 황금으로 장식된 보물들을 호수에 던진다는 거야. 이 때문에 호수는 금빛 광채를 띠며 눈부신 장관을 이룬다고 해.

이 전설이 퍼지자 수세기 동안 탐험가들은 설레는 마음으로 엘도라도를 찾아 나섰지만 허사였어. 훗날 엘도라도는 그들이 찾는 황금의 도시를 뜻하게 되었단다.

몬테주마의 보물

코르테스가 이끄는 스페인 군대에 아즈텍 제국이 침략 당할 때였어. 제국의 황제 몬테주마는 스페인 군대가 쳐들어온다는 소식을 듣고 금은보화를 모아 북쪽으로 보냈지. 스페인 군대가 물러갈 때까지 땅에 묻어 두려고 말이야.

하지만 몬테주마는 죽음을 당했고 몬테주마가 숨긴 보물은 어디에 있는지 수수께끼로 남았어. 사람들은 멕시코와 미국 애리조나 사이 어딘가에 이 보물이 묻혀 있을 거라고 믿고 있단다.

남부군이 숨긴 보물

미국의 남북전쟁 때 있었던 일이야. 남부군의 스파이들이 북부의 버몬트 주 세인트올번스의 은행 세 곳을 털고 캐나다로 도망쳤어. 이때 약탈한 물건을 캐나다와 미국의 국경 어딘가에 숨겨 두었다는 얘기가 떠돌았지. 이러한 소문을 믿고 수많은 사람들이 숨은 보물을 찾기 위해 헤맸으나 모두 빈손으로 돌아갔단다.

런던탑의 보물

런던탑은 현재 영국을 대표하는 관광 명소이야. 왕실의 보물을 전시하는 박물관으로 쓰이고 있지. 이곳이 한때는 감옥으로 쓰인 적이 있었대. 아무나 가두지 않고 주로 왕족이나 고위 관료들을 잡아 가두는 귀족 교도소였지. 이 감옥의 직원 하나가 죄수로부터 엄청난 돈을 받아 탑 어딘가에 숨겨 두고 죽었다는 전설이 있단다.

◆ 런던 탑, 혹은 화이트 타워로 불리는 이곳은 탑이라기보다는 성채처럼 보인다. 이곳 어딘가에 보물이 숨어 있다는 전설이 전해지고 있다.

제 3 장
경제를 움직이는 거대한 손

한 사회가 굴러가는 데는 알게 모르게 보이지 않는 거대한 손길이 작용하게 마련이야. 그 거대한 손길이 자본, 즉 돈일 때를 흔히 자본주의라고 해. 우리는 지금 자본주의 사회에 살고 있어. 돈이 우리 몸속의 핏줄처럼 사회 구석구석 흘러들어 세상을 움직이고 있지.

따라서 돈의 흐름과 움직임을 잘 파악하면 자본주의의 원리와 구조를 이해하는 데 큰 도움이 될 거야.

1. 지폐의 등장과 은행의 탄생

서양에서는 오랜 세월 금화와 은화가 화폐의 중심이었어. 그런데 1600년대 들어서면서 분위기가 조금 바뀌기 시작했지. 변화의 바람은 영국의 금 세공업자에서 비롯되었단다.

금 세공업자가 뭐하는 사람이냐고? 금덩어리를 가지고 귀금속을 만드는 사람을 말해. 그들은 도둑의 표적이 되기 십상이었지. 값비싼 금을 도둑맞지 않으려면 저마다 튼튼한 금고를 갖추어야 했어. 그런데 영국의 부자나 상인

들이 이 금고를 빌려 쓰기 시작한 거야. 마땅히 보관할 데가 없어 고민거리였는데 잘된 일이었지.

금 세공업자들은 보관료를 받고 황금을 맡긴 사람에게 보관증을 써 주었어. 금 보관증에는 맡긴 사람의 이름이 적혀 있었는데 이걸 '골드스미스 노트'라 불렀지. 처음에는 금 주인이 직접 찾아가야 맡긴 걸 찾을 수 있었지만 시간이 흐르면서 달라졌어. 보관증을 들고 있는 사람이면 누구든 금 세공업자에게 금을 교환할 수 있었지. 그러자 아주 흥미로운 일이 일어났단다.

실제 귀금속은 금고에 그대로 둔 채 보관증만 서로 주고받게 된 거지. 이제 거래를 할 때 더 이상 금 세공업자를 번거롭게 찾아가 맡긴 금을 찾고 다시 맡길 필요가 없어졌어. 보관증이 점점 발전해 마침내 새로운 종이돈, 즉 지폐가 등장하게 된 거야. 이때부터 오랜 세월 화폐의 주인공으로 활약하던 금속화폐가 뒷전으로 물러나고 지폐가 그 자리를 차지하게 되었단다.

당시 금 세공업자에게는 새로운 수익 사업이 생긴 거야. 보관료를 챙기다 보니 수입이 꽤 짭짤했거든. 힘들게 금을 두드려 귀금속을 만드는 것보다 이게 더 편안하게 돈을 버는 방법이 되었지. 그래서 아예 금 세공하는 일을 접고, 본격적으로 금 보관증을 발행하는 사업을 벌이게 된 거야. 이 일이 현대 은행의 시초가 되었단다.

당시 금 세공업자를 '골드스미스'라고 불렀어

2. 중앙은행은 어떻게 생겨나게 되었나?

금 세공업자가 은행가로 변신하게 되자 금 보관증이 은행권으로 탈바꿈했어. 그러다 보니 화폐 질서가 굉장히 어지러워졌어. 누가 은행권을 발행했느냐에 따라 제각각이었거든. 한번 생각해 봐. 가령 우리나라에서 국민은행, 산업은행, 우리은행 등이 서로 다른 은행 화폐를 만들어 낸다면 얼마나 혼란스럽겠니? 하나로 통일시킬 필요가 있었지.

나라에서 인정받은 최초의 지폐는 1661년 스웨덴 스톡홀름 은행에서 발행했어. 하지만 몇 년 지나지 않아 은행이 문을 닫는 바람에 실패로 끝났지.

최초로 성공한 법정 지폐는 영국에서 등장했는데, 그 중심을 이룬 것이 바로 영란은행이야. 영란은행이 처음 생긴 건 전쟁 때문이었어. 영국 왕 윌리

◈ **영란은행이 뭐지?**

영란은행이란 말이 좀 생소하지만 그냥 '영국은행'이라고 생각하면 돼. 우리나라의 중앙은행이 한국은행인 것처럼 말이야. 스페인을 '서반아'라 하고, 네덜란드를 '화란'이라 하고, 프랑스를 '불란서'라 하는 것처럼 영국을 일컫는 잉글랜드를 한자식으로 표기하면 '영란(英蘭)'이 된단다.

◆ 1928년 영란은행에서 발행한 5파운드짜리 지폐.

엄 3세는 프랑스와 전쟁을 치르느라 돈 가뭄에 시달렸어. 알다시피 전쟁은 돈을 빨아들이는 블랙홀 같아서 정부 살림이 몹시 쪼들렸지. 생각다 못해 영국 정부는 돈 많은 여러 상인들을 불러 모았단다.

처음에 영란은행이 발행한 은행권은 다른 민간은행이 발행한 것과 별 차이가 없었어. 그러나 영국 정부는 빚진 게 있어서 알게 모르게 영란은행을 팍팍 밀어 주었지. 그러다 1844년 영국 정부는 은행법을 만들기에 이르렀어. 영란은행 이외의 다른 은행은 지폐를 발행하지 못하도록 법으로 금지시킨 거야. 영란은행이 국립 중앙은행으로 독보적인 자격을 얻은 거지.

영국 정부가 이렇듯 중앙은행을 세워 돈 가뭄을 해결하자 다른 나라들도 이를 본받아 중앙은행을 세웠어. 우리나라에서도 한국은행이 중앙은행으로 자리 잡고 돈을 찍어 내는 건 알고 있지? 지금은 어느 나라를 막론하고 오직 국가만이 중앙은행을 통해 화폐를 찍어 낼 수 있는 시대가 되었단다.

3. 돈이 돈을 낳는 마술

돈은 아주 묘한 성격이 있어. 가만히 두면 생명이 없는 물건이지만 돈을 굴리게 되면 달라져. 마치 살아 있는 생물처럼 움직이면서 돈이 새끼를 치는 마술을 부리거든. 다시 말해 돈이 돌고 돌면서 이자를 낳는 거란다.

오늘날 은행이 하는 일은 여러 가지이지만 가장 핵심이 되는 것은 대부업이야. 즉 사람들이 맡긴 예금을 다른 사람에게 빌려주어 이자를 받는 거지.

은행이란 무슨 뜻일까? 은(銀)은 화폐를 말하고, 행(行)은 다닌다는 뜻이야. 은행이란 말 속에 화폐가 돌아다닌다는 의미가 들어 있어.

이 대부업은 인류가 문자를 쓰기 시작할 때부터 시작되었다고 해. 5천 년 전 메소포타미아 문명의 유적에 그 증거가 있어. 여기서 출토된 점토판에 적힌 초기 문자의 내용은 역사나 철학, 문학 같은 고상한 게 아니야. '아무개가 아무개에게 무엇을 얼마나 빚졌노라.' 하는 거래 장부였다는구나.

대부업은 자본주의 사회가 되기 전까지 별로 환영을 받지 못했어. 환영은 커녕 몹쓸 짓을 한다고 손가락질을 받기도 했지. 노동을 해서 돈을 벌지 않고 이자로 먹고산다고 말이야. 특히 중세시대 기독교인 사이에서는 죄악으로 여겨졌고, 지금도 이슬람권에서는 대출을 해 주고 이자를 받는 행위를 금지하고 있단다.

　당시의 분위기를 잘 보여 주는 문학 작품이 있어. 셰익스피어의 명작『베니스의 상인』이야. 여기서 구두쇠 샤일록은 돈을 빌려주고 높은 이자를 받는 악덕업자로 나와. 베니스의 상인 안토니오는 샤일록에게 돈을 꾸면서 특이한 계약 문서에 도장을 찍게 되지.

'안토니오의 배를 저당으로 잡되, 만약 돈을 갚지 못하면 심장에서 가까운 살 1파운드를 떼어 준다.'

이건 쉽게 말해 돈을 못 갚으면 목숨을 내어놓으라는 뜻이야. 결국 돈을 갚지 못하게 되자 샤일록은 살 1파운드를 달라고 법원에 소송을 걸어. 하지만 위기에 빠진 안토니오에게 솔로몬의 지혜가 담긴 판결이 내려지게 돼.

'살 1파운드는 계약대로 떼어 가도 되지만 피는 단 한 방울도 흘려서는 안 된다!'

탐욕을 부리던 샤일록이 결국 벌을 받게 된다는 내용이야.

이렇듯 과거에 대부업은 돈놀이를 통해 남의 등골을 빼먹는 일인 양 생각되었어. 하지만 자본주의 사회에 진입하면서 이런 나쁜 이미지의 굴레에서 벗어나게 되었지.

지금은 오히려 선진국일수록 돈을 다루는 금융업이 더 발전했단다. 급여도 다른 직장에 비해 높은 편이라 유능한 인재들이 서로 들어가고 싶어 안달이지. 오늘날은 중소기업이든 대기업이든 자기 돈만으로 회사를 운영하는 곳은 거의 없어. 금융기관이나 투자자로부터 필요한 자금을 끌어와야 해. 거기서 이익이 나면 빌린 돈과 이자를 갚는 거지. 자본주의 사회에서는 이처럼 돈을 빌리고 빌려주는 게 경제활동의 기본이란다.

◈ 은행 이자는 어디서 나오는 걸까?

우리가 은행에 돈을 맡기면 찾을 때 이자를 받게 돼. 그 이자는 어디서 생겨나는 걸까? 예금을 하면 그 돈이 은행 금고에 고스란히 보관되어 있을 거라고 생각하지만 천만의 말씀이야.

금고에 넣어 둔 돈은 절대 불어나지 않아. 은행은 예금한 돈을 자금이 필요한 기업이나 개인한테 빌려줘. 그 돈을 밑천 삼아 장사를 하거나 기업을 운영해서 수익이 생기면 빌린 돈과 함께 이자를 갚는 거야. 이때 차액이 발생한단다.

가령, 우리가 100만 원의 돈을 5퍼센트의 이자율로 은행에 맡겼다면 은행은 그 돈을 빌려줄 때 이자율을 8퍼센트정도 받는 거야. 그러면 은행은 5퍼센트의 이자를 예금자에게 주더라도 3퍼센트의 수익을 얻게 되지. 이걸 경제 용어로 '예대마진'이라 불러. 예금 이자와 대출 이자 사이에서 발생한 수익이란 의미지.

경기가 좋으면 은행은 예대마진으로 엄청난 수익을 올릴 수 있어. 하지만 반대로 경기가 나빠지면 돈을 빌려 간 사람이 밑천을 까먹거나 회사의 문을 닫는 경우가 생기곤 해. 그러면 은행은 빌려준 돈을 받을 수가 없어 곤란한 상황이 되지. 최악의 경우 은행이 파산해 예금자가 맡긴 돈을 못 찾는 수도 있어. 따라서 경제가 잘 돌아야 은행도 살고 국민들의 삶도 편안해지는 거란다.

4. 자본주의의 꽃, 주식

주머니에 각자 돈을 조금씩 가지고 있다면 그건 푼돈에 불과해. 그 돈으로 가게에서 아이스크림을 사 먹거나 PC방에서 오락을 할 수 있겠지. 하지만 작은 푼돈이 모여 큰 자금이 모인다면 얘기가 달라져. 그 돈으로 공장을 세우고, 사업을 벌일 수가 있거든.

이처럼 사업의 밑천이 되는 큰돈을 경제에서는 '자본'이라고 불러. 자본이 경제를 굴리는 근본이 되는 사회를 일컬어 '자본주의'라고 하지. 지금 우리는 돈이 있어야 돈을 벌 수 있는 자본주의 사회에 살고 있단다.

하지만 당장 주머니에 큰돈을 가진 사람은 그리 많지 않아. 그럼 나머지 사람은 아무 사업도 벌일 수 없는 걸까? 절대 그렇지 않아. '주식'이라는 기발한 제도가 있거든.

주식의 역사는 무역과 관련이 깊어. 17세기 무렵 서유럽 국가들은 앞다투어 동인도회사를 차렸어. 인도와 중국, 동남아시아 여러 국가들과 무역을 하기 위해서였지.

당시 가장 관심을 끈 물품은 향신료야. 서양의 식단에는 고기가 많아. 하지만 당시는 냉장 시설이 없어 부패하기가 쉬웠지. 향신료는 음식을 상하지 않게 할 뿐만 아니라 무엇보다 맛을 돋우어 주기 때문에 귀족들로부터 폭발적인 인기를 얻었어. 지금은 값싸게 먹을 수 있는 흔한 후추가 당시는 황금과 같은 무게로 거래될 정도로 값이 비쌌대. 음식에 후추를 뿌려 먹는 건 황금 가루를 뿌려 먹는 거나 마찬가지였지.

이처럼 값이 비쌌던 이유는 간단해. 물건을 실어 오기가 만만치 않았기 때문이야. 한 번 배를 띄우는 데 엄청난 비용이 드는 건 물론이고, 도중에 해적을 만나거나 풍랑에 배가 뒤집어지면 그야말로 폭삭 망했으니까 말이야. 성공하면 큰돈을 벌지만 그만큼 실패의 위험도 높았어.

그래서 위험을 분산할 방법을 생각해 냈지. 예를 들어 한 번 배를 띄우는

데 1억이 든다고 하자. 그럼 열 명이 1천만 원씩 내서 1억을 만드는 거야. 그러면 위험이 십분의 일로 줄어들어. 돈이 많은 사람도 한 배에 1억을 다 투자하는 것보다 배 열 척에 1천만 원씩 나누는 게 훨씬 안전하지. 돈이 많지 않은 사람도 투자에 끼어들 수 있고 말이야.

이런 식으로 동인도회사가 돈을 모아 무역선을 꾸린 거야. 이때 나중에 이익이 생겨 나누려면 누가 얼마나 투자했는지 정확히 알아야 하잖아. 그래서 투자한 사람들에게 돈을 낸 액수만큼의 증서를 나누어 주었어. 이게 바로 주식이란다.

하지만 문제는 배가 갔다 오는 동안 몇 달이 걸릴지 아무도 몰라. 그 사이 투자한 사람이 급하게 돈 쓸 일이 생길 수도 있지 않겠어? 그러면 자기가 가진 증서, 즉 주식을 다른 사람에게 파는 거야.

이때 처음 투자한 금액을 그대로 받을 수도 있지만, 살 사람이 없으면 가치가 떨어져 1천만 원짜리를 700만 원이나 500만 원밖에 못 받는 거지. 반대로 귀한 물건을 배에 잔뜩 싣고 온다더라 하는 소문이 퍼지면 값이 두세 배로 뛰는 거고. 요즘 주식 가격이 오르락내리락 하는 것도 이런 원리야.

오늘날 주식은 자본주의의 꽃이라 불리고 있어. 그만큼 경제를 굴러가게 하는 핵심 요소라는 뜻이지. 주식은 이제 한 나라의 경제가 좋고 나쁨을 알려 주는 가늠자 역할을 하고 있으며, 주식을 통해 돈이 이동하는 모습을 한눈에 파악할 수 있단다.

◈ 동인도회사가 뭐야?

동인도회사는 17세기부터 19세기에 걸쳐 서유럽 국가들이 인도, 중국 등 아시아 지역의 무역을 독차지하기 위해 설립한 회사야. 이름은 회사지만 현대의 무역회사와는 성격이 전혀 달라. 민간 회사인 것처럼 꾸몄으나 식민지 침략을 위한 앞잡이 구실을 했지. 회사의 우두머리가 사법권과 치안권, 군사권까지 가지고 식민지 총독부 역할을 했으니까 말이야.

아메리카 대륙에서 아즈텍과 잉카 같은 제국을 무력으로 제압하고 식민지로 만든 것과 달리, 아시아 지역은 탄탄한 국가 질서가 잡혀 있었어. 그래서 본격적인 식민지 침탈에 앞서 동인도회사를 만들어 경제적으로 야금야금 먹어 들어간 거야.

스페인의 무적함대를 격파하고 해상권을 장악한 영국이 1600년 처음으로 동인도회사를 설립하자 2년 뒤 네덜란드는 더 큰 규모의 동인도회사를 꾸렸어. 그 뒤 덴마크, 포르투갈, 프랑스, 스웨덴도 비슷한 이름과 성격을 가진 동인도회사를 세웠지.

이들 국가는 치열하게 경쟁하면서 식민지 땅따먹기에 돌입해 서로 전쟁을 치르기도 했어. 나중에 일본이 이들을 모방하여 조선과의 무역을 독점하는 동양척식주식회사를 세우고 침략의 발판으로 삼기도 했단다.

5. 튤립 소동과 투자 거품

주식회사는 오늘날 널리 퍼져 아주 일반적인 기업 형태로 자리 잡았어. 웬만큼 규모를 갖춘 기업치고 주식회사가 아닌 곳을 찾기 어려울 정도지.

주식시장은 말 그대로 주식회사가 발행한 주식을 거래하는 곳이야. 누구나 이곳에서 자유롭게 주식을 사고팔 수가 있지. 주식을 산다는 건 그만큼의 돈을 기업에 투자하여 경제활동에 참여한다는 거야. 여기에는 많은 자금을 가진 '큰손'도 있지만 작은 돈으로 움직이는 '개미 투자자'도

있어. 경제의 흐름을 파악하려면 이들의 투자 자금이 어디로 어떻게 이동하는지를 유심히 관찰하면 돼.

건강한 투자는 나라의 경제를 살찌우지. 하지만 자칫 투자를 잘못하면 투기의 함정에 빠질 수 있어. 투기가 일어나면 주식의 가치가 실제보다 더 부풀려지게 돼. 그걸 경제 용어로 '버블(거품)'이라고 해. 정말 어처구니없는 버블이 네덜란드에서 일어난 적이 있단다.

튤립은 네덜란드의 나라꽃이기 때문에 사람들이 무척 좋아해. 그런데 너무 좋아한 나머지 한바탕 큰 소동이 일었어. 1635년~1637년 사이에 걸쳐 일어난 이 사태를 '튤립 버블'이라고 해.

당시 네덜란드는 해상무역으로 위세를 떨치고 있었어. 시민들은 경제적으로도 풍족한 생활을 누렸지. 이때 부유한 상인이나 귀족들 사이에서 난데없이 튤립 열풍이 불기 시작한 거야. 그러자 사람들이 사재기에 나서며 투기가 일었고, 하늘 높은 줄 모르고 값이 치솟았어. 한창 가격이 올랐을 때는 튤립 알뿌리 하나가 보통 사람의 25년 치 월급에 해당할 만큼 값이 비쌌대. 이익에 눈이 멀어 모두 제정신이 아니었던 거지.

하지만 가격에 거품이 생기면 언젠가는 '펑!' 하고 터지게 마련이야. 사람들은 어느 순간 튤립은 그저 뜰에 심는 화초일 뿐 보석 덩어리가 아니라는 사실을 깨달았어. 그러자 가격이 거꾸로 곤두박질치기 시작했지. 이 때문에 뒤늦게 큰돈을 쏟아부은 사람은 한순간에 빈털터리가 되고 말았단다.

◈ 투자와 투기는 뭐가 다른가?

투자는 돈을 투자한 사람도 이익이지만 나라 경제에도 큰 도움이 돼. 개인이 주식에 투자하면 그 돈은 회사에 필요한 자금이 되고, 회사가 발전하면 일자리도 늘어나 사회에 이바지하게 되거든. 반면에 투기는 한순간의 기회를 엿보아 큰 이익을 보려는 행위야. 가격이 오를 만한 것을 골라 재빨리 사고팔면서 개인적 이익만을 노리는 거지. 그 과정에서 거품이 발생해 경제에 나쁜 영향을 미치기도 한단다. 대표적인 것이 부동산 투기야. 부동산 투기는 땅값과 집값을 올려 서민들의 삶을 주름지게 만들지.

6. 대공황의 신호탄 '암흑의 목요일'

1929년 10월 24일! 이날을 세계사에서는 '암흑의 목요일'로 적고 있어. 도대체 무슨 일이 생긴 걸까?

암흑의 목요일이 닥치기 직전까지 미국 경제는 호황을 누리며 잘 돌아가는 듯 보였어. 경제의 지표가 되는 주식시장도 활기를 띠고 있었지. 주식시장에서 거래되는 돈의 총액도 1925년에 비해 무려 세 배 이상 올라 있었어. 다시 말해 주식에 투자한 사람이 평균 세 배 이상의 수익을 올렸다는 뜻이야.

주식 가격이 이렇듯 상승 곡선을 긋다 보니 너도나도 주식시장에 뛰어들었어. 투자를 넘어 투기를 하는 사람들이 늘어났지. 개중에는 은행에서 대출까지 받아 투기에 뛰어드는 사람들도 있었단다.

미국 정부는 이를 심상치 않게 여겼어. 투기 조짐을 보이자 대책 마련에 나섰지. 은행의 이자율을 올려서 돈을 함부로 빌리지 못하도록 만든 거야. 이에 눈치 빠른 투자자들은 재빨리 주식을 되팔아 돈을 거두어들이기 시작했지. 갑자기 주식을 팔려는 사람들이 몰리자 하루아침에 가격이 폭락했어. 이날이 바로 '암흑의 목요일'이야.

그러나 이건 시작에 불과했어. 그 후 3~4년에 걸쳐 더 큰 폭으로 계속해서 값이 떨어졌거든. 문을 닫는 회사가 속출하고 일자리를 잃은 사람들이 거리마다 넘쳐 났지. 처음에는 미국에서 시작되었지만 유럽에도 영향을 미쳐 전 세계적으로 경기 침체에 빠져들었어.

10년 가까이 실업과 불황에 시달리며 많은 사람들을 고통 속에 몰아넣었지만 헤어날 길을 찾을 수가 없었어. 갑작스레 일어난 사태에 너무나 놀랍고 두려워 어찌할 바를 몰랐던 거지. 세계사에서는 이를 '대공황'이라 부른단다.

지금도 주식시장에서는 투기의 거품이 일었다 사라지는 일이 적지 않아. 하지만 대공황 사태에서 보듯 사람들이 지나치게 탐욕을 부리면 잠깐 이익을 보는 것 같지만 결국 그것이 부메랑이 되어 재앙을 맞이하게 된단다.

7. 고삐 풀린 돈, 인플레이션

부자 나라들은 돈이 많아. 그래서 국민들도 잘살지. 그렇다면 이런 생각도 할 수 있을 거야. 나라에서 돈을 많이 찍어 내면 국민들이 잘살게 되는 거 아니냐고. 하지만 이건 위험천만한 생각이야.

화폐를 흔히 우리 몸속의 혈액에 비유하곤 해. 혈액은 너무 적어도 안 되지만 너무 많아도 문제야. 화폐 역시 마찬가지란다.

돈이 너무 적으면 화폐의 가치가 오르는 반면 물건 값은 크게 떨어지게 돼. 그러면 기업 활동이 어려워지고 경제에 나쁜 영향을 미치지. 반대로 돈이 너무 많으면 화폐의 가치는 떨어지고, 물건 값이 엄청나게 올라가게 돼. 그러면 경제 질서가 혼란해지고 국민들의 생활이 어려워진단다.

앞의 경우를 경제 용어로 '디플레이션'이라 하고, 뒤의 경우를 '인플레이션'이라고 해. 둘 다 경제에 해악을 끼치지만 역사에서는 인플레이션으로 인한 피해가 더 많았어.

역사상 가장 유명한 것이 제1차 세계대전을 치른 독일의 경우야. 전쟁에서 패한 독일은 도저히 감당할 수 없는 어마어마한 돈을 전쟁 보상금으로 물어내야 했어. 그래서 돈을 마구마구 찍어 냈지. 그 돈이 시장에 풀리자 물건 값이 하루가 다르게 뛰어올랐어. 그러다 보니 별 해괴한 일이 다 벌어졌단다.

당시의 상황을 보여 주는 두 가지 재미난 일화가 있어.

첫 번째 일화. 어떤 할머니가 채소 한 단을 사기 위해 바구니에 한가득 돈을 담고 가다가 길에서 쉬는 동안 깜박 잠이 들었대. 깨어 보니 도둑이 돈은 그대로 옆에 수북이 쏟아 놓고 낡은 바구니만 훔쳐 갔다는구나. 돈다발보다 바구니가 더 값어치가 있었기 때문이야.

두 번째 일화. 형은 만날 술만 마시는 술주정뱅이였고, 동생은 성실하게 일을 해서 열심히 저축을 했대. 그런데 기가 막힌 건 훗날 인플레이션 때문에 동생이 저축한 돈보다 형이 그동안 마신 술병을 내다 판 돈이 더 많아졌다는 거야. 전쟁 때 폭격을 맞아 대부분의 생산시설이 폐허로 변하자 병 가격이 치솟았고, 반대로 알뜰살뜰 저축한 돈은 휴지 조각이 되어 버렸기 때문이지.

당시 독일의 인플레이션이 한창 심할 때는 돈을 산더미처럼 수레에 싣고

가야 신문 한 장을 살 수 있었고, 사러 가는 도중에 값이 올라 결국 못 사는 경우도 있었대. 돈의 가치가 너무 빨리 떨어지다 보니 식당에서 요리를 먹고 일어서는 순간 값이 올라 돈을 더 내야 하는 경우도 있었다는구나. 심지어 언제 가격이 오를지 몰라 봉급을 받으면 조금이라도 빨리 돈을 써 버리기 위해 서둘러 상점으로 달려가기도 했단다.

독일 정부는 화폐가치가 떨어지자 100만 마르크짜리 고액 화폐까지 찍어 냈다고 해. 무슨 말인지 느낌이 잘 안 오지? 우리나라로 치면 천 원짜리나 만 원짜리 화폐를 한 자루씩 등에 지고 다녀도 물건 값을 제대로 치를 수가 없으니까 100만 원이나 1억 원짜리 지폐를 만들어 냈다고 보면 돼.

독일은 이처럼 역사상 유례없는 인플레이션으로 사회 혼란과 경제 불안이 계속되었고, 이것이 빌미가 되어 히틀러의 나치 정권이 들어서면서 결국 제2차 세계대전이 일어나고 말았단다.

◈ 인플레이션

인플레이션이란 말은 남미의 소장수로부터 비롯했어. 어느 소장수가 소를 팔러 가기 전에 소에게 소금을 억지로 먹였어. 그 소는 목이 말라 물을 잔뜩 마실 수밖에 없었지. 그러면 실제보다 더 몸집이 부풀어 값을 더 많이 받을 수 있거든. 물 먹인 소의 팽팽하게 부푼 배를 영어로 '인플레이트(inflate)'라 표현하는데, '부풀리다' 혹은 '팽창시키다'라는 뜻이야. 인플레이션은 여기서 나온 말이란다.

세계의 여러 나라들이 크고 작은 인플레이션을 겪었어. 인플레이션이 일어났을 때 일반 국민들이 입는 가장 큰 피해는 소득의 감소야. 가령, 여기 100만 원의 월급을 받는 사람이 있어. 인플레이션으로 화폐가치가 하락해서 물가가 두 배로 올랐다고 치자. 그러면 평소 천 원이면 살 수 있던 물건이 2천 원을 줘야 살 수 있어. 이 말은 곧 월급으로 쓸 수 있는 돈의 가치가 절반으로 떨어진다는 의미야. 그러니 월급의 절반인 50만 원을 그냥 앉아서 도둑맞은 셈이지.

8. 전쟁 무기로 쓰이는 화폐

화폐는 한 나라의 경제를 쥐고 뒤흔들 만큼 강한 파괴력을 가지고 있어. 이 때문에 가끔 엉뚱한 용도로 화폐를 이용하기도 해. 전쟁을 할 때 상대방에 타격을 가하는 공격용 무기로 쓰는 거지. 제2차 세계대전 당시 실제로 그런 일이 있었단다. 전쟁은 병사들끼리 총만 가지고 싸우는 게 아니야. 막대한 전쟁 비용을 쏟아부어야 해. 이걸 노리고 적국의 경제를 혼란에 빠뜨리기 위해 가짜 돈을 만들어 몰래 뿌리는 거야.

대표적인 경우가 독일의 '베른하르트 비밀 작전'이야. 작전을 이끈 베른하르트 크뤼거의 이름에서 따온 건데, 제2차 세계대전 당시 영국의 경제를 무너뜨릴 목적으로 위조지폐를 만들었어. 이를 위해 수용소에 갇힌 수감자 가운데 영국의 파운드화를 위조할 140여 명의 전문가를 뽑았다고 해.

그들을 시켜 5, 10, 20, 50파운드짜리 지폐 800만 장, 총 1억 3천 200만 파운드를 만들었어. 몇 톤에 달하는 가짜 돈을 비행기에 싣고 가 대량으로 영국 상공에 뿌릴 계획이었지. 그러나 마땅한 비행기를 구하지 못해 이 작전은 실패로 끝났다고 해. 다만 비밀 첩보원들의 활동 자금이나 암시장에서 물품을 구입하는 데 일부 사용되기도 했다는구나.

제2차 세계대전의 공범 중 하나였던 일본도 비슷한 짓을 저질렀어. 당시 일본은 가와사키 지역에 노보리토 연구소를 세웠어. 여기서는 풍선 폭탄이

나 전파 병기, 생물 화학 병기 등 다양한 무기를 개발하는 일 외에 위조지폐를 제작하는 임무도 함께 수행하고 있었지. 일본은 중국과의 전쟁에서 이기기 위해 여기서 만든 가짜 중국 돈을 상당량 퍼뜨렸어. 그러나 이런 얕은 수법을 동원한 독일과 일본은 모두 제2차 세계대전에서 패하고 말았단다.

◈ 별의별 위조지폐 이야기

어처구니없는 위조 사건

어떤 사람이 가게에 들어가서 우리 돈 만 원어치 물건을 샀어. 그가 지갑에서 20만 원짜리 지폐를 꺼내 주고 19만 원의 거스름돈을 받아 갔다면 어떨까? 정말 황당하기 그지없는 일일 테지. 왜냐하면 20만 원짜리 지폐는 존재하지 않으니까. 게다가 지폐의 앞뒷면에 청와대와 지금의 대통령 얼굴이 새겨져 있다면 더 황당할 거야. 이런 웃지 못할 사건이 실제로 일어난 적이 있단다.

2003년 미국의 노스캐롤라이나 주에서 한 남성이 150달러어치의 식료품을 사고 200달러짜리 지폐를 낸 다음 50달러의 거스름돈을 받아 갔어. 이듬해 펜실베이니아 주에서도 한 여성이 옷 가게에서 100달러짜리 옷을 사고 200달러짜리 지폐를 낸 후 거스름돈을 챙겨 갔지. 하지만 문제는 미국에서 200달러짜리 지폐를 발행한 적이 없다는 거야. 정말 어처구니없는 일이지.

그런데 더 재미난 일은 지폐 속의 그림이야. 앞쪽에는 당시 대통령이던 조지 부시 대통령 사진이 박혀 있고, 뒷면에는 백악관 풍경과 함께 '우리는 아이스크림을 좋아해.'라는 장난기 어린 글귀가 적혀 있었대.

위조가 아니라 예술?

보그스는 미국의 화가야. 1984년 어느 레스토랑에서 커피를 마시다 심심해서 냅킨에 뭔가를 끄적거렸어. 1달러짜리 지폐를 재미 삼아 그려 본 거지. 계산서를 가지고 온 종업원이 그걸 보고 감탄했어.

"와, 정말 1달러짜리 지폐 같아요!"

종업원은 90센트였던 커피 값을 그 냅킨 그림으로 대신 받으면서 10센트의 잔돈까지 내주었지.

"옳거니! 바로 이거야!"

보그스는 여기서 영감을 얻어 손으로 직접 그린 화폐 그림을 자신의 예술 작품으로 삼은 거야. 엄밀하게 말해 위조지폐는 위법이지. 하지만 보그스는 자신이 그린 돈은 위조가 아니라 예술품이라고 주장한단다.

◆ 보그스가 그린 1달러 화폐.

이거 내가 그렸소!

지폐를 위조하면 어느 나라나 큰 처벌을 받게 돼. 그래서 들통나지 않도록 아주 은밀하게 만들지. 하지만 아프리카 케냐에서는 좀 어이없는 일이 일어났어. 케냐의 지폐와 동전에는 대부분 초대 대통령 케냐타의 초상화가 들어가 있어. 그런데 엘리아스 무툼베라는 남자는 자신이 위조한 지폐에 대통령의 얼굴을 빼고 대신 자신의 초상화를 그려 넣었다는구나. 위조한 그림에 대한 자신감이 지나쳐 '이 그림 내가 그렸소.' 하고 만용을 부린 거지. 이 남자가 어떻게 되었냐고? 돈을 사용하자마자 감옥 신세를 져야 했단다.

지폐 위조의 달인

지폐를 위조하는 데도 달인이 있다면 단연 폴란드인 체슬라브 보자르스키를 들 수 있을 거야. 그는 프랑스가 유로화를 쓰기 전인 1951년 1천 프랑짜리 위조지폐를 만든 것을 시작으로 1964년까지 15년가량 프랑스 전역에 자신이 만든 위조지폐를 퍼뜨린 것으로 유명해.

그가 만든 가짜 돈은 진짜 돈만큼 완벽해서 '위폐 제조의 세잔'이라는 별명을 얻기도 했어. 프랑스의 이름난 화가 세잔에 비유한 거지. 그는 당국에 체포된 뒤 20년형을 선고받았으나 모범수로 13년 만에 풀려났다고 해. 그 후 그는 사라졌고, 그가 어떻게 되었는지 아무도 알지 못했지. 훗날 그의 위조 화폐는 경매에 나와 6천 유로 이상의 높은 가격에 낙찰되었다는구나.

9. 자본주의 대 공산주의의 한판 승부

인간은 오래 전부터 이 세상 어디엔가 지상낙원 같은 곳이 있을 거라고 생각했어. 동양에서 무릉도원이 그런 이상향이라면 서양에서는 유토피아가 바로 그런 곳이야. 이상향은 그저 인간이 마음속으로 그리는 꿈의 세계에 불과해.

하지만 그건 꿈이 아니라 실제로 이 세상에 지상낙원을 건설할 수 있다고 주장하는 사람들이 19세기에 모습을 드러냈어. 바로 공산주의를 부르짖은 사람들이야. 공산주의라고 하면 간혹 무시무시한 독재 정치를 떠올리곤 하는데 원래 공산주의는 그런 게 아니야.

공산주의 이론을 처음 창시한 사람은 독일의 정치경제학자 칼 마르크스야. 그의 이론을 간단히 설명하면 이래.

자본주의에는 자본가 계급과 노동자 계급이 있어. 큰돈을 가지고 공장이나 회사를 세워 주인이 된 사람을 자본가라 하고, 거기서 자신의 노동력을 팔아 일한 대가를 받고 살아가는 사람을 노동자라 불러.

자본가는 큰돈을 들여 공장이나 회사를 세울 뿐이지 실제로 일을 하는 건 노동자들이야. 공장을 돌려서 얻는 이익은 노동자들이 일을 해서 상품을 생산한 덕분이지. 만약 노동자들이 일시에 손을 놓고 일을 하지 않는다면 자본가 역시 돈 한 푼 벌지 못해. 따라서 자본가들이 가져가는 이익도 알고 보면 노동자의 손에서 나온 거라는 결론이 나와.

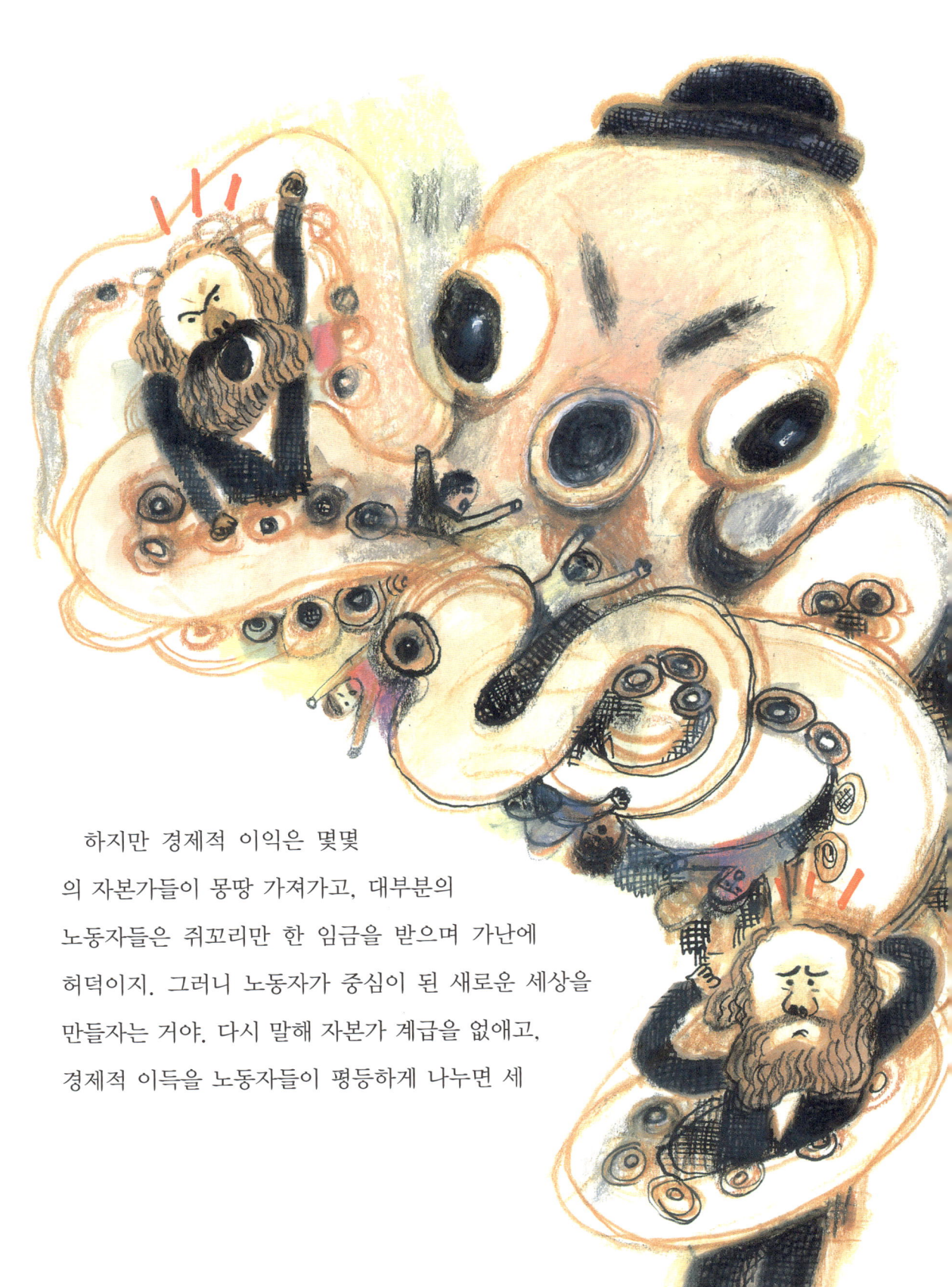

　하지만 경제적 이익은 몇몇
의 자본가들이 몽땅 가져가고, 대부분의
노동자들은 쥐꼬리만 한 임금을 받으며 가난에
허덕이지. 그러니 노동자가 중심이 된 새로운 세상을
만들자는 거야. 다시 말해 자본가 계급을 없애고,
경제적 이득을 노동자들이 평등하게 나누면 세

상 사람 모두가 잘살 수 있다는 얘기란다.

처음에는 이것이 한낱 이론에 그칠 줄 알았어. 그런데 1917년 러시아에서 레닌이 사회주의 혁명에 성공하면서 현실이 된 거야. 그 후 소련을 비롯하여 동유럽과 중국, 북한에 이르기까지 지구의 반이 공산권 사회가 되었어. 이들 국가는 한 세기쯤 맹위를 떨치며 크게 발전했어. 미국을 중심으로 한 자본주의 세력과 편이 갈려 서로 으르렁거렸지. 그러나 20세기 말 공산권 국가들이 하나둘씩 와르르 무너져 내리며 실패로 막을 내렸단다.

◈ 꿈같은 세상, 『유토피아』

본래 『유토피아』는 토마스 모어가 쓴 책 이름이야. 거기에 묘사된 세상은 그야말로 지상낙원이야. 사유재산은 폐지되고 사람 간의 차별이 없어. 남자나 여자나 하루에 오전과 오후 세 시간씩 여섯 시간만 일하고, 필요한 것은 뭐든 공짜로 얻을 수가 있어. 모든 것이 늘 넘쳐 나기 때문에 누구도 부자가 될 생각을 하지 않아. 오히려 금과 은, 보석 같은 것을 하찮게 여기고, 다이아몬드는 아이들 장난감 따위로 사용하지. 혹 외지인이 화려한 보석으로 치장한 옷을 입고 오면 유토피아 사람들에게 비웃음거리가 되고 말아. 이곳에서는 더러운 변기통을 황금으로 만들고, 죄인들이 황금으로 된 왕관이나 귀고리, 반지 등을 달아야 하거든. 그래서 아이들은 어려서부터 귀금속을 멀리하도록 교육을 받아. 그만큼 수치스럽고 혐오스러운 물건이기 때문이지.

◈ 세상을 뒤바꾼 책, 『자본론』

마르크스는 『자본론』이란 유명한 책을 썼어. 여기서 자본주의를 날카롭게 파헤쳐 아주 흥미로운 해석을 내놓았지. 알다시피 돈을 땅에 묻어 놓고 아무리 오래 기다려도 그 돈은 그대로야. 하지만 돈을 굴리면 이익이 생겨나지. 그 이익은 어디서 만들어지는 걸까?

자본주의 경제의 중심에는 '상품'이 있어. 이 상품의 가치는 보통 가격으로 매겨지는데, 이익이 생기는 것은 바로 상품 가치의 상승에서 비롯된 거야.

예를 한번 들어 보자. 어떤 공장에서 100만 원어치의 실로 천을 짜서 150만 원으로 상품 가치가 올랐어. 다른 공장에서 다시 그 천을 사서 옷을 만들면 200만 원으로 상품 가치는 다시 올라가게 돼. 실이 옷으로 탈바꿈하면서 상품 가치가 두 배로 뛰었는데

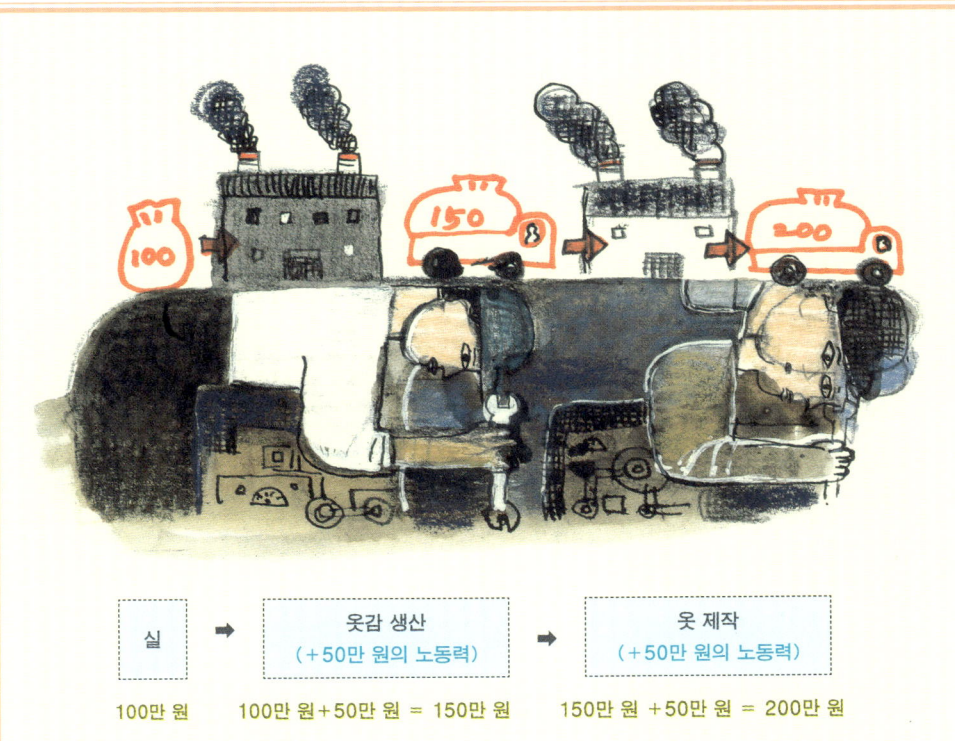

| 실 | → | 옷감 생산
(+50만 원의 노동력) | → | 옷 제작
(+50만 원의 노동력) |

100만 원 　　　100만 원＋50만 원 ＝ 150만 원 　　　150만 원 ＋50만 원 ＝ 200만 원

이건 그냥 하늘에서 뚝 떨어진 게 아니야. 공장 일꾼들의 노동력이 그 속에 들어갔기 때문이지.

한번 잘 생각해 봐. 원칙대로라면 각각 50만 원씩 총 100만 원의 새로운 가치가 노동력으로 생긴 것이니까 노동자가 가져가는 게 당연해. 하지만 공장을 세운 자본가는 이걸 다 돌려주지 않고 일정 부분을 떼어서 자기가 갖는 거야. 양심껏 조금 가지는 사람도 있을 테지만 거의 전부를 챙기고 노동자들에겐 쥐꼬리만큼 떼어 주는 수도 있어. 이를테면 90퍼센트 정도를 자본가가, 나머지 10퍼센트 정도를 수많은 노동자가 나누어 가지는 거지.

그러면 어떻게 될까? 자본가들은 점점 돈을 많이 가지게 되고, 그 돈으로 다시 공장이나 회사를 지어 노동자들을 고용해 더 부자가 돼. 반대로 노동자들은 점점 가난해져서 살기가 더 어려워져. 마르크스는 이것이 사회의 불안 요소가 되어 결국 자본주의가 망할 거라 내다봤어. 그 대신 자본가 없는 평등한 세상을 세우자고 주장했지.

그런데 이 모든 걸 국민의 뜻을 묻지 않고 오로지 공산당이 권력을 잡고 이루어 가는 거야. 그러다 보니 실제로 대부분의 공산 국가가 독재 정치로 흘러가고 말았단다.

10. 자본주의가 사는 법

마르크스에 따르면 인류의 역사는 총 다섯 단계를 거치게 돼. 원시공동체 사회에서 시작해 그다음이 고대 노예제 사회, 중세 봉건제 사회, 근대 자본주의 사회, 그리고 맨 마지막이 공산주의 사회에 도달하게 된다는 거야.

이 말은 곧 자본주의가 망한 뒤에 공산주의가 온다는 얘기지. 그러나 현실은 달랐어. 오히려 공산권 국가들이 참패를 당하고 자본주의가 살아남았거든. 왜 이런 현상이 일어난 걸까?

여러 가지 원인이 있겠지만 가장 큰 이유는 생산성 차이 때문이야. 예를 들어, 자본주의와 공산주의가 똑같이 100개의 기계를 가지고 상품을 만들어 낸다고 가정해 보자. 어느 쪽이 더 많은 상품을 생산해 낼까? 두말할 나위 없이 자본주의야.

이유는 간단해. 자본주의는 사유재산을 허용하지만 공산주의는 그렇지 않아. 자본주의에서는 더 많이 생산할수록 자기 주머니가 두둑해지지만 공산주의에서는 아무리 많이 생산해 봐야 내 것이 아니기 때문에 혼자서 아등바등할 필요가 없어. 인간은 이기적인 동물이라 남들과 똑같이 일하고 똑같이 분배받는 것보다 남보다 열심히 일해서 더 많은 재산을 모으고 싶어 하거든. 열심히 일해도 똑같이 나누게 되면 잔꾀를 부리는 사람도 생겨나지.

공산주의는 이를 무시한 탓에 생산성이 뒤떨어지고 경제 사정이 나빠져

패망에 이른 거란다.

　마르크스의 예상이 빗나간 거지. 그러면 그의 이론은 허튼소리에 불과한 걸까? 절대 그렇지 않아. 자본주의가 승리를 거두었다고 마냥 좋아할 일만은 아니야.

　역사상 어떤 체제도 완벽한 건 없어. 자본주의도 마찬가지야. 자본주의의 가장 큰 허점과 모순은 무엇일까? 빈부 격차가 너무 크게 벌어진다는 거야.

　공산주의는 평등과 분배를

최고의 가치로 여겨. 모든 재산이나 생산물이 국가의 것이면서 동시에 국민의 것이야. 따라서 국가가 중심에 서서 국민 모두에게 평등하게 분배를 하는 거지.

그러나 자본주의 사회는 자유와 경쟁을 가장 중요한 가치로 여겨. 자유로운 경쟁을 통해 이익을 창출해 내는 거지. 하지만 자본주의는 돈이 있어야 돈을 벌 수 있는 사회이기 때문에 부자는 점점 더 부자가 되고, 가난한 사람은 더욱 가난해지게 돼. 가난한 사람들이야 힘들겠지만 부자들은 더 부자가 되니 뭐 크게 나쁠 것도 없다고? 천만의 말씀이야.

자본주의를 다른 말로 시장경제라고 해. 시장을 중심으로 경제가 돌아간다는 말이지. 경제가 잘 돌아가려면 생산한 물건이 시장에서 잘 팔려야 돼. 그런데 빈부 격차가 커지면 가난한 사람은 돈이 너무 없어서 소비를 못 해. 반대로 부자는 소비량이 적어서 충분히 소비를 못 하지. 돈이 아무리 많아도 하루 세 끼만 먹으면 족하고, 옷도 한꺼번에 대여섯 벌씩 입고 다닐 수는 없는 노릇이잖니?

가난한 사람은 돈이 없어서, 부자는 소비량이 충분치 않아서 시장에서 물건이 팔리지 않으면 결국 그 피해가 공장이나 회사를 운영하는 자본가에게도 돌아가게 되거든. 생산한 상품이 팔리지 않으면 회사도 문을 닫아야 하니까 자본가도 망하고, 노동자 역시 일자리를 잃게 돼. 자본가든 노동자든 모두 파멸에 이르게 되는 거야.

이런 문제를 알기 때문에 자본주의 국가에서도 평등과 분배의 가치를 받아들이고 있어. 국가가 부자들에게 세금을 조금 더 거두어들여 가난한 국민들에게 복지 혜택을 베푸는 거야. 우리가 돈을 내지 않아도 학교에서 교육을 받고 급식을 먹는 것, 국가에서 저소득층에게 최소한의 생계비를 지원하는 일, 돈을 벌 수 없는 노인들이 무료로 병원을 다니거나 연금을 받는 것도 이런 복지 제도 덕분이야. 특히 북유럽 국가에서 이런 제도가 잘 발달했는데 이를 '복지 사회주의'라 부르기도 한단다.

◈ 존경받는 부자, 빌 게이츠

컴퓨터의 황제 빌 게이츠는 세계에서 최고로 손꼽히는 부자야. 부자 가운데는 손가락질을 받는 사람들도 많지만 그는 존경을 받고 있어. 사람들이 그를 존경하는 까닭은 엄청난 재산 때문만은 아니야. 그는 마이크로소프트사의 창업자가 아닌 자선 사업가로 더 유명해. 그는 자신과 부인의 이름을 딴 '빌&멜린다 게이츠'라는 재단을 만들어 전쟁과 질병, 배고픔에 시달리는 가난한 나라의 어린이를 돕고 지구 환경을 보전하는 데 앞장서고 있어. 여기에 재산의 절반인 30조 원 정도를 기부했대. 세상에서 번 돈이니 다시 세상으로 돌려보낸다는 정말 부자다운 생각을 실천한 거야.

제 4 장
우리나라 돈의 역사

화폐는 불, 바퀴와 더불어 인류의 3대 발명품으로 꼽히고 있어. 그만큼 인류 문명이 발전하는 데 큰 영향을 미쳤다는 이야기야. 화폐가 없었다면 아직 물물교환 수준에 머물렀을 테고, 문명의 발전은 무척 더디었을 테지. 화폐의 발전은 그 시대의 경제와 사회 수준을 가늠하는 척도라 할 수 있어. 그럼 우리나라에서는 과연 어떻게 화폐가 발달해 왔는지 살펴보자.

1. 최초의 엽전이 탄생하기까지

우리는 지금까지 화폐의 발전 과정에 대해 알아보았어. 우리나라의 화폐도 크게 다르지 않아.

이 땅에 사람이 살기 시작한 것은 약 70만 년 전 구석기시대부터야. 이때는 당연히 사냥과 채집 활동을 통해 자급자족을 했지. 그러다 신석기시대에 들어서면서 물물교환이 이루어지고, 곧이어 물품화폐가 등장했어. 농경 사회였기 때문에 쌀이나 옷감 같은 생활필수품을 비롯하여 조개, 동물 뼈, 돌 화살 등이 물품화폐로 사용되었지.

우리나라에서 금속화폐가 처음 나온 건 언제일까? 『해동역사』란 책에는 기원전 957년 고조선시대 때 이미 '자모전'이라는 금속화폐가 만들어졌다고 나와 있어. 기원전 109년에 마한에서는 동전이 만들어졌고, 동옥저에서는 금과 은으로 만든 무문전이 사용되었다고 해. 무문전이란 표면에 아무런 문양이 없다는 뜻이야. 변한 지역에서는 철이 많이 나서 쇳덩이를 돈처럼 사용했다는 기록도 있어. 그러나 삼국시대까지는 금속화폐보다 여전히 쌀과 베 같은 물품화폐가 더 널리 쓰였지.

우리나라에서 정식으로 인정받는 최초의 화폐는 고려시대 성종 때 주조된 '건원중보'야. 이것은 중국 당나라의 건

◆ 우리나라 최초의 동전으로 인정받는 건원중보.

원중보를 본떠 만들었기 때문에 뒷면에 우리나라를 뜻하는 '동국'이란 글자를 따로 넣어서 중국 돈과 구별할 수 있었단다.

고려 숙종 때인 1097년에 화폐 제조를 맡아 보는 관청인 주전관이 처음 설치되었어. 여기서 대각국사 의천의 건의에 따라 해동통보가 만들어지고 뒤이어 해동중보, 삼한중보 같은 화폐가 잇달아 선을 보이게 돼.

이뿐 아니라 고려시대에는 모양이 좀 특이한 화폐도 만들어졌어. 은을 원료로 만든 '은병'이야. 은 한 근으로 우리나라 지형을 본떠 병 모양으로 만들었다고 해. 실물은 전해지지 않고 고액 화폐여서 다른 나라와의 교역에 주로 사용했지. 액수가 너무 커서 일반 백성들은 사용하기 어려웠대.

이런 까닭에 1287년에 '쇄은'을 화폐로 유통시켰어. 쇄은이란 은을 조각으로 잘라 낸 작은 은 덩어리라고 보면 돼.

그러나 쇄은에 구리를 섞은 가짜가 판을 치자 1331년에 은병의 크기를 줄인 '소은병'을 만들면서 은병은 사용하지 못하게 조치했지. 시간이 흐름에 따라 소은병 역시 구리를 섞은 위조품이 나돌아 화폐가치가 하락하는 바람에 1408년 유통이 금지되고 말았단다.

◈ 우리나라 최초의 지폐, 저화

고려 말인 1392년 공양왕 때 '저화'가 만들어졌어. 우리나라 최초의 종이돈이지. 현재 실물이 남아 있지 않아서 정확한 모양은 알 수 없으나 두 종류가 발행되었다고 해. 하나는 가로 세로가 51.1센티×46.5센티, 다른 하나는 36.6센티×33.3센티로, 둘 다 세계에서 가장 큰 지폐로 알려진 중국의 '대명통행보초'보다 훨씬 크기가 컸다고 해.

저화는 그리 활발하게 쓰이지 못한 채 조선의 건국으로 유통이 금지되었지. 그러나 1402년 태종 때부터 다시 사용하기 시작했어. 당시 화폐 구실을 하던 삼베의 사용을 금지하고, 대신 저화를 널리 쓰도록 법을 만들었지.

처음에 저화 한 장의 가치가 쌀 두 말 정도였는데 나중에는 쌀 한 되의 가치에도 미치지 못했다고 해. 저화를 커다란 종잇조각처럼 여겨서 백성들이 사용하기를 꺼려한 탓이지. 시간이 갈수록 저화의 사용이 줄어들었고, 성종 때에 이르러 저화는 완전히 자취를 감추어 버렸단다.

2. 조선은 왜 화폐가 발달하지 못했나?

조선 초기의 화폐 정책은 별 성과를 거두지 못했어. 지폐인 저화를 널리 사용하도록 했지만 백성들은 시큰둥했지. 그래서 1423년 세종대왕 때 '조선통보'라는 동전을 만들어 저화와 함께 유통시켰단다.

하지만 저화와 마찬가지로 이 동전 또한 반응이 그리 신통치 않았어. 조선시대 최고의 성군으로 일컬어지는 세종 임금이 한 일인데 백성들이 왜 달가워하지 않았느냐고? 그건 왕의 잘못이 아니라 아직까지 조선 사회가 화폐를 널리 쓸 만한 준비를 갖추지 못했기 때문이야.

지금은 회사원이든 공무원이든 월급을 돈으로 받아. 조선시대에는 그렇지 않았어. 당시의 관리들은 일한 대가로 나라에서 '녹봉'이라는 걸 받았어. 지금처럼 매달 월급을 받지 않고, 일 년에 한 번 또는 계절마다 한 번씩 쌀, 콩, 보리 같은 곡식이나 명주, 면포, 삼베 같은 옷감을 받았단다.

왜 돈을 주지 않았냐고? 나라에서 백성들에게 쌀이나 면포 같은 걸로 세금을 거두었거든. 본래 녹봉이란 게 따지고 보면 백성들의 세금에서 나온 것이니 관리들도 그걸 받은 거야. 나라의 경제가 이런 식으로 움직이다 보니 백성들은 화폐의 필요성을 못 느낀 거지.

하지만 화폐가 발달하지 못한 더 근본적인 이유는 따로 있어. 알다시피 조선은 사농공상의 구분이 확실한 신분제 사회야. 사농공상이란 순서에 따라

선비가 맨 위고, 다음이 농부, 다음이 수공업자, 마지막이 상인이야. 돈을 만지는 상인을 제일 천하게 여긴 거지. 그러다 보니 상업이 활기를 띠지 못했어. 글 읽는 선비들은 장사치들을 돈만 밝히는 속물로 보았거든. 상업을 천대하니 돈이 돌 수가 없지.

대신 농업을 중시했어. 선비 다음이 농부인 것은 이런 까닭이야. 농업이 중심인 사회에서 최고의 화폐는 단연 쌀, 보리, 콩 같은 곡식이고, 다음이 무명이나 삼베 같은 옷감이지. 그러니 돈이 무슨 필요가 있겠어? 더구나 뭘 살 만한 가게나 상점도 거의 없으니 돈이 있어 봤자 별 쓸모가 없었지. 그렇기 때문에 나라에서 아무리 돈을 유통시키려 해도 백성들이 거들떠보지 않았단다.

◈ 화살촉 화폐

조선 세조 임금 때에는 '전폐'라는 화살촉 모양의 독특한 쇠돈이 등장했어. 당시 북방의 여진족이나 남쪽의 왜구 등 외적의 침략에 대비하여 비상시 화살촉으로 쓸 수 있도록 만든 거야. 평소에는 돈으로 쓰이다가 전쟁이 나면 곧바로 무기로 쓸 수 있는 실용적인 화폐였단다.

◈ 돈이 열리는 나무, 엽전

옛날 돈을 일컬어 흔히 '엽전'이라고 해. 엽전은 '잎 엽(葉)' 자, '돈 전(錢)' 자를 써서 '나뭇잎 돈'이란 뜻이야. 왜 이런 명칭이 생겼을까?

엽전을 만들기 위해서는 먼저 일정한 모양을 갖춘 형틀을 만들어야 해. 이걸 거푸집이라 하지. 엽전의 거푸집은 나뭇가지에 여러 개의 잎이 달린 모양이었어. 여기에 쇳물을 부어 굳히면 마치 나무에 동전이 주렁주렁 달린 것 같은 돈나무가 돼. 이걸 하나씩 떼어 내어 갈고 다듬으면 비로소 동전이 되는데, 떼어 내기 전의 모습이 나뭇가지에 달린 잎사귀 같다고 해서 '엽전'이라 부른 거야.

3. 화폐의 주인공이 된 상평통보

조선시대의 '돈' 하면 가장 먼저 상평통보를 떠올릴 거야. 상평통보는 1633년 인조 임금 때 처음 만들어졌어. 그 이후 200년 넘게 화폐의 자리를 지켰지. 처음 이 돈이 나왔을 때는 이전의 화폐들처럼 별로 호응을 받지 못했어. 그러다가 숙종 임금 때 나라의 정책적 뒷받침을 받으며 전국적으로 유통되기 시작했지.

"이제부터 세금을 낼 때 꼭 곡식이나 옷감을 낼 필요가 없다. 상평통보로 대신 내도 상관없다."

돈이 사용가치가 생겨나자 백성들은 곡식이나 옷감만큼 돈을 귀하게 여겼어. 게다가 막상

돈을 사용해 보니 아주 편한 거야. 쌀이나 삼베처럼 무겁지 않았으니까.

나라에서 이런 정책을 편 데는 당시의 시대적 상황과 밀접한 관련이 있어. 조선은 임진왜란과 병자호란이라는 큰 난리를 잇달아 겪었어. 두 번의 전쟁으로 전국의 논밭이 황폐해졌지.

농업이 경제의 중심인 조선으로서는 큰 타격이었어. 농업 생산량이 줄어들면 당연히 나라에서 걷는 세금도 줄어들게 되니까. 나라의 살림이 곤궁해지자 더 이상 농업에만 기댈 수가 없었어. 다른 곳으로 눈을 돌릴 수밖에! 조선 사회에 변화의 바람이 분 거야.

때마침 먹고살 길이 막막한 농민들이 하나둘씩 도시로 몰려들어 상업이 활기를 띠기 시작했어. 나라에서도 상업과 수공업을 발전시키는 정책을 펴고, 중국이나 일본과의 무역도 장려했지. 돈이 돌아야 하기 때문에 더 이상 세금으로 곡식이나 옷

감만을 고집할 수가 없었어. 이때 새로운 화폐인 상평통보가 나온 거란다.

상평통보는 한 종류가 아니야. 숙종 임금 때인 1678년 단자전이 발행되었고, 그 후 당이전, 중형전, 당오전, 당백전이 나왔어. 쓰임새가 많아지자 점차 값어치가 높은 돈을 찍어 낸 거야. 요즘으로 말하면 처음엔 10원짜리를 만들었다가 50원짜리, 100원짜리, 500원짜리가 나온 거라고 보면 돼. 그만큼 백성들에게 널리 쓰였다는 얘기지.

돈을 찍어 내는 곳이 중앙과 지방을 합쳐 50군데에 이르렀다고 해. 돈의 위조를 막기 위해 발행처를 알 수 있도록 상평통보의 뒷면에는 암호 같은 글자까지 새겼어. 이를테면 중앙 관청인 호조에서 발행하면 '호(戶)', 평안 감영이면 '평(平)', 전라 감영이면 '전(全)', 경상 감영이면 '상(尙)'이었지.

아울러 천자문, 오행, 숫자, 부호 등을 함께 새겨 넣어 같은 발행처라도 누가 어느 거푸집에서 만들어 냈는지 알 수 있었어. 요즘 지폐의 발행번호 같은 역할을 한 거야. 상평통보는 현대식 화폐가 등장할 때까지 백성들의 생활 속에 깊이 파고들어 조선시대 화폐 발달에 크게 이바지했단다.

◆ 조선 세종 때 만든 조선통보. 화폐의 필요성을 느끼지 못해 널리 사용되지 않았다.

◆ 조선 중기 이후 널리 사용된 상평통보. 구리와 주석의 합금으로 만들고, 뒷면의 구멍 위쪽에 주조한 관청의 이름을 새겼다.

❖ 조선시대 화폐 단위, '냥' '전' '푼'

옛날 돈의 단위는 지금과 달랐어. 조선시대 화폐 단위는 냥, 전, 푼 세 가지야. 각각 열 배씩 차이가 났어. 즉 '10푼＝1전', '10전＝1냥'이었지. 1냥의 가치는 대략 현재의 돈으로 7~8만 원 정도였다고 해. 그러니 1전은 7~8천 원, 1푼은 7~800원 정도로 가장 낮았지. 오늘날 돈이 없을 때 '주머니에 한 푼도 없다.'라든가 거지가 '한 푼 줍쇼.' 하는 말은 여기서 비롯된 거야.

❖ 땡전

상평통보 가운데 가장 가치가 높았던 것은 당백전이야. 한 개의 가치가 엽전 100개에 해당한다고 해서 '당백전'이지. 당백전은 고종 임금 때인 1866년 권력을 잡고 있던 흥선대원군이 발행했어. 임진왜란 때 폐허가 된 경복궁을 다시 지어 왕실의 권위를 되찾겠다는 명분으로 돈을 찍어 낸 거야. 나라에서는 당백전 150만 냥을 조선 팔도에 풀었어. 그러다 보니 돈이 남아돌게 되었지. 인플레이션이 일어나 돈의 가치가 크게 떨어지고 물가는 올랐어. 당백전이 나오기 전 7냥쯤 하던 쌀 한 섬이 2년 만에 55냥으로 치솟았다고 해. 이전에는 엽전 100개면 상당히 큰돈이었지만 이제는 상황이 달라진 거야. 그래서 당백전→ 당전→ 땅전→ 땡전으로 바뀌면서 땡전은 몇 푼 안 되는 적은 돈을 속되게 가리키는 말이 되었다는구나.

4. 아름다운 별전, 돈이냐 장신구냐?

조선시대에는 엽전 말고 좀 특이한 돈이 만들어졌어. 바로 별전이야. 정상적으로 유통되는 돈과 구별 짓기 위해 별전이란 이름이 붙었지. 별전이란 돈이면서 또한 돈이 아니야. 이걸 주고 물건을 사고팔지는 않았으니까. 그러나 돈보다 더 귀한 패물로 쓰였단다.

별전은 원래 고려시대 때 중국에서 전래되었으나 본격적으로 만들어진 건 조선시대 숙종 이후라고 해. 상평통보가 널리 퍼지기 시작한 때야.

별전은 화폐를 만들 때 사용되는 재료의 품질과 무게, 모양 등을 가늠하기 위해 만든 일종의 시험용 돈이라 보면 돼. 오늘날의 올림픽이나 각종 행사 때 만드는 기념주화처럼 왕실에 경축할 일 또는 나라에 특별한 행사를 기념하기 위해서도 만들어졌지.

모양이 예쁘고 좋은 뜻이 담겨 있기 때문에 궁중과 양반 상류층의 패물이나 장식품으로 애용했어. 특히 조선 말기 고종 때 여러 개의 별전을 엮어서 만든 열쇠패는 지체 있는 양반 집안의 딸들이 시집갈 때 몹시 탐을 내는 귀한 혼수품이었다고 해.

별전의 모양은 아주 다양해. 주화식 별전은 겉모양이 동전과 거의 똑같아. 다만 표면에 새겨 넣은 글자가 '인의예지' '만수무강' '국보민안' 등 나라의 안녕이나 유교적 내용을 담고 있지.

변형식 별전은 모양 자체가 동전과는 다른 형태를 띠고 있어. 둥근 마패 모양이 있는가 하면 실패나 문살 모양을 한 것도 있고, 박쥐나 나비 같은 동물 모양을 한 것도 있지.

모양이 어떻든지 간에 한결같이 길상의 내용을 담고 있어. 즉 복을 불러들이는 상서로운 글귀나 좋은 뜻이 담긴 상징적인 사물을 새겨 넣은 거지. 옛날 사람들은 부귀와 출세도 소망했지만 무병장수와 자손이 많은 것도 큰 복으로 여겼어. 별전 속의 십장생, 나비, 천도복숭아는 장수를 뜻하고, 물고기는 알을 많이 낳기 때문에 자손이 많은 것을 상징한단다.

◆ 식물 무늬 별전. 크기가 작은 별전은 각종 끈에 매달거나 노리개 장식용으로 쓰였다.

◆ 도화 별전. 여러 사람이 등장하는 별전으로 자손이 많기를 기원하는 뜻이 담겨 있다.

◆ 수복십이지신상 열쇠패. 가운데에 태극 무늬가 있고 그 바깥쪽으로 무장한 열두 띠 동물이 새겨져 있다.

◆ 동전이 주렁주렁 달린 열쇠패. 열쇠패는 우리나라의 독창적인 금속공예품으로 조선 후기 상류사회에서 애장품으로 사용되었다.

5. 근대식 화폐의 등장

조선 말기 외세가 밀려들면서 문호를 개방했어. 외국과의 무역이 늘어나자 조선 정부는 불편함을 느꼈지. 외국의 화폐가 대부분 은화였던 데 반해 상평통보는 구리가 주원료이기 때문에 서로 가치가 맞지 않았거든. 이를 해결하기 위해 1882년 고종 임금 때 '대동은전'을 만들어 냈어. 이것이 우리나라에 최초로 선보인 서양식 근대 화폐야. 엽전과 겉모양은 비슷했으나 가운데 네모난 구멍이 없어졌지.

하지만 이 돈은 수명이 짧았어. 나오자마자 해외로 빠져나가거나 부자들의 손에 들어가 시중에서 자취를 감추었어. 원료가 되는 은 가격도 올라 이듬해 제조가 중단되고 말았단다.

그 대신 오늘날 조폐공사와 같은 전환국을 세웠어. 여기서 엽전의 형태를 완전히 탈피한 서양식 근대 화폐를 처음으로 만들었지. 하지만 전환국은 일본과 러시아 등 외세의 틈바구니에서 오락가락하며 제 역할을 하지 못하다가 1904년에 문을 닫고 말았어.

◆ 대동은전. 고종 19년에 제작되어 1년여 유통되었다.

그 후 1905년 을사늑약이 체결되면서 일제의 침략이 본격화되었어. 대한제국은 1909년 중앙은행인 (구)한국은행을 세워 화폐 주권을 지키려고 안간

힘을 썼지. 하지만 1910년 한일합병이 되면서 모든 게 물거품이 되었어. 당시 일제의 주도로 1원권, 5원권, 10원권 지폐를 발행했고, 이때부터 우리나라의 영어 표기가 'Corea'에서 'Korea'로 바뀌었지. 일본의 영어 표기인 'Japan'보다 한국의 알파벳 첫글자가 앞선다는 어처구니없는 이유 때문이었단다.

해방 이후에도 한동안 일제시대 화폐를 그대로 썼어. 다만 화폐에 쓰인 일본어를 없애고, 일본 정부의 상징인 오동나무꽃 대신 무궁화꽃으로 바꾸었지. 그러다가 1950년 비로소 우리나라의 중앙은행인 한국은행을 설립했단다.

그 시절 '원'과 '환'을 왔다 갔다 하던 화폐 단위는 1962년부터 지금처럼 '원'으로 굳어졌어. 경제 성장이 한창이던 1970년대에 5천 원, 1만 원권 화폐가

처음 등장했으며, 1982년부터는 원래 종이돈이었던 500원이 동전으로 만들어져 이제는 500원짜리 지폐를 볼 수 없게 되었지. 2009년에는 최고액 화폐인 5만 원권 지폐가 선보여 지금에 이르고 있단다.

◆ 내 얼굴 바꿔!

돈은 사람들의 손을 타는 물건이라 그 안에 어떤 문양이 들어가는지 무척 중요해. 1956년 발행된 500환에는 이승만 대통령의 초상이 지폐 한가운데 그려져 있었어. 이 때문에 돈을 접으면 대통령의 얼굴이 구겨지거나 두 쪽으로 찢어지기도 했지. 이를 두고 사람들 사이에 이상한 소문이 돌기도 했단다. 독재 정치를 하던 이승만 대통령을 욕되게 하려고 일부러 돈 한가운데 초상을 그려 넣었다고 말이야. 이 일 때문에 대통령이 노발대발 화를 내자 2년 뒤인 1958년부터는 얼굴 위치를 오른쪽으로 살짝 옮겨 발행했다는구나.

◆ 위는 1956년 발행한 500환이고, 아래는 1959년 발행한 500환이다. 이승만 대통령의 얼굴 위치가 달라져 있다.

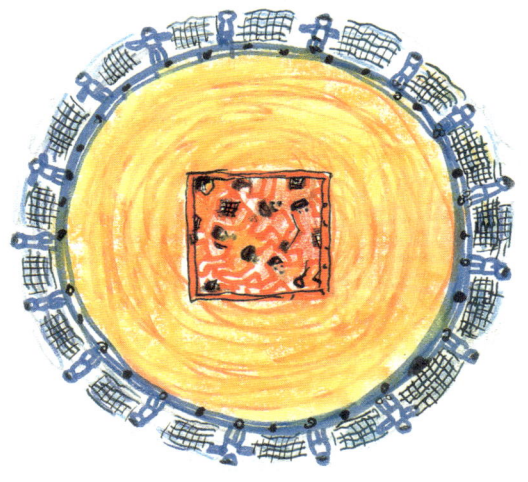

참고 도서

『우리 화폐 세계 화폐』, 한국은행
김성호 글, 『경제의 핏줄, 화폐』, 미래아이
송인창 외 6인 지음, 『화폐 이야기』, 부키
윤상석 글, 『화폐와 경제』, 예림당
장광익·음인혜 지음, 『화폐와 금융』, 스쿨김영사
벳시 마에스트로 글, 『재미있는 돈의 역사』, 두레아이들
이브 드로보트 글, 『세상을 움직이는 돈』, 녹색지팡이
파스칼 에스텔롱 글, 『돈이 머니? 화폐 이야기』, 톡

도판 이미지

27쪽, 50쪽, 100쪽, 108쪽, 111쪽, 112쪽, 114쪽: 화폐박물관
30쪽, 52쪽, 63쪽: wikipedia
33쪽: hdfcbankdinersclub.com
43쪽 금화: justcollecting.com
43쪽 은화: ngccoin.com
69쪽: britishnotes.co.uk
88쪽: 'Money as Art' 다큐멘터리 중에서

*이 책에 수록한 사진 중 일부는 저작권자를 확보하려고 노력했지만 연락이 닿지 못했습니다.
저작권자가 확인되면 추후 사진 게재에 대해 허락받고자 합니다.